COLLECTION BLED

Édouard BLED Odette BLED
Lauréats de l'Académie Française

Daniel BERLION

1er en Orthographe

CE1

H

SOMMAIRE

Maquette : Serge KRISTY.
Les illustrations ont été réalisées par Jean-Pierre LAMÉRAND.

I.S.B.N. 2.01.015346.4

AVANT-PROPOS

Ce livret d'orthographe pour le cours élémentaire 1re année comprend *vingt-six leçons* proposant chacune *une difficulté* orthographique et *un thème* de vocabulaire.

Dans chaque leçon, tu rencontreras une règle et des conseils, des exercices illustrant cette règle, une dictée et un répertoire reprenant des orthographes difficiles.

Tu pourras parfois répondre directement sur le livret, mais, le plus souvent, il faudra utiliser un cahier pour écrire les réponses aux exercices, pour préparer, faire et corriger les dictées.

A la fin du livre (pages 83 à 95), les Corrigés des exercices te permettront non seulement de travailler seul, mais encore de corriger toi-même ton travail.

Un Graphique (pages 96 et 97) t'aidera à visualiser très rapidement tes progrès en dictée. Pour chaque dictée, tu noteras le nombre de mots correctement orthographiés ; le score idéal (aucune erreur) est indiqué en bleu.

Les mots les plus courants du français peuvent être copiés dans le Répertoire que tu trouveras également en fin d'ouvrage (pages 98 à 127) ; lis bien le mode d'emploi du Répertoire qui t'indiquera comment classer les mots.

La partie Aide-mémoire (pages 129 à 136) te permettra de réviser les principales règles étudiées au cours des différents chapitres.

Avant d'apprendre et surtout de retenir une règle, tu dois t'exercer. Il est indispensable que tu relises souvent la règle lorsque tu travailles. Ce n'est que lorsque tous les exercices et la dictée auront été faits, que tu pourras apprendre la règle « par cœur ».

Toutes les fois que tu rencontreras ce petit logo, tu pourras consulter ton dictionnaire.

Toutes les fois que tu rencontreras ce petit logo, tu pourras consulter ton aide-mémoire.

1 L'alphabet

- Pour écrire, on utilise vingt-six lettres :
  — six voyelles : a, e, i, o, u, y ;
  — vingt consonnes : b, c, d, f, g, h, j, k, l, m, n, p, q, r, s, t, v, w, x, z.

Ces lettres sont classées par ordre alphabétique.

- J'apprends, par cœur, l'ordre alphabétique :
  a, b, c, d, e, f, g, h, i, j, k, l, m,
  n, o, p, q, r, s, t, u, v, w, x, y, z.

1. Ajoute les consonnes nécessaires :

une .eui..e

un .ui..eau

la .ou.è.e

Et maintenant les voyelles :

une fl..r

le s.p.n

un ch.mp.gn.n

2. Écris la lettre qui vient avant et celle qui vient après dans l'ordre alphabétique :

.f. .t. .g. .u. .o. .r. .l. .j. .w.

3. Écris les lettres dans l'ordre alphabétique :

d - x - b - y - f → b - d - f - x - y
o - i - u - a - e → ...
v - n - z - t - m → ...
h - q - g - c - s → ...
l - r - k - p - j → ...

4. Classe les mots dans l'ordre alphabétique :

champ - terre - fleur → champ - fleur - terre.
tulipe - branche - couper → ...
bouquet - cueillir - forêt → ...
écorce - printemps - bourgeon → ...
jardin - humide - buisson → ...
source - racine - herbe → ...

5. Écris les lettres de chaque mot dans l'ordre alphabétique :

mer → e - m - r

lac	→	haie	→ . . . .
tige	→	ronce	→ . . . .
pré	→	chemin	→ . . . .

6. Charades

Mon premier est la 1re lettre de l'alphabet.
Mon second est la 7e lettre de l'alphabet.
Mon tout est vieux : ...
Mon premier est la 15e lettre de l'alphabet.
Mon second est la 20e lettre de l'alphabet.
Mon tout veut dire enlever : ...

7. Relie les lettres dans l'ordre alphabétique pour découvrir une fleur que tu colorieras :

DICTÉE

Dictée n° 1

Un jardinier en herbe

Ludovic plante un arbre dans son jardin. Il tasse la terre autour des racines. Avec beaucoup de soleil et d'eau, Ludovic est certain que son arbre poussera rapidement.

Je prépare la dictée en copiant les mots suivants :

Je ferme mon livret et je fais la dictée.

Je compare avec le texte et je compte mes erreurs.

J'ai fait ☐ erreurs.

Je reporte le résultat sur le graphique page 96.

Je recopie les mots dans lesquels j'ai fait des erreurs.

AIDE-MÉMOIRE p. 130 → **Je lis à la page indiquée** (n° 4).

RÉPERTOIRE

Je copie ces mots dans mon répertoire à la page indiquée :

la terre *(deux r* ; p. 122*)*
le jardin (pp. 107 et 113)
la nature (pp. 99 et 123)
rose (pp. 104 et 116)

la plante (p. 108) } *a-n*
la branche (pp. 108 et 115) } *a-n*
la tige (pp. 99 et 113) } *avec un g*
rouge (pp. 103 et 113) } *avec un g*

2 Les mots Les liaisons

• A l'écrit, on sépare les mots.
Exemple : Lauriane apprend sa leçon.
Ce n'est pas facile, car à l'oral on ne les sépare pas toujours. On fait des liaisons .
Exemples : un (n) ordre, les (z) images.

• Les mots comprennent une ou plusieurs syllabes. Il faut savoir les couper correctement en fin de ligne.
Exemples : la ran-gée, la clas-se.

1. Indique le nombre de mots dans chaque phrase :

Bettina prend son cahier du jour. → ...
Tous les matins, nous copions la date. → ...
Ce problème est très difficile. → ...
Nous soulignons les mots nouveaux de ce texte. → ...
Pour annoncer la fin de la récréation, le directeur frappe dans ses mains. → ...

2. Complète avec le, la ou l' :

... tableau	... objet	... place	... année
... oreille	... livre	... encre	... page
... sortie	... habitude	... heure	... idée
... règle	... crayon	... marge	... résumé
... opération	... armoire	... écriture	... étude

3. Réunis les syllabes pour former des mots :

re-lec-tu → lecture

ni - pu - tion → ...	rem - çant - pla → ...
tu - pein - re → ...	ca - de - ra - ma → ...
pro - me - blè → ...	se - pon - ré → ...
ins - teur - tu - ti → ...	moi - re - ar → ...

4. Copie selon le modèle :

Je m'amuse, tu t'amuses, elle s'amuse.
Je m'avance, ..., ...
Je m'approche, ..., ...
Je m'éloigne, ..., ...
Je m'écarte, ..., ...

5. Copie les phrases en séparant les mots :

Onapportenosardoises. → On apporte nos ardoises.
Les élèvesontécoutéunehistoire. → ...
Nousn'allonspasàl'écolematernelle. → ...
Luisn'estpasrestéàl'étude. → ...

6. Coupe les mots comme si tu étais en fin de ligne :

devoir → de-voir
forme → ...
gomme → ...
travail → ...
content → ...
chiffre → ...
rentrée → ...
lettre → ...

7. Complète les légendes avec les mots qui conviennent :

les cols - l'école - la venue - l'avenue.

Heidi repasse ... des chemises.

Les élèves quittent ... à cinq heures.

Toute la classe attend ... du photographe.

Il n'est pas facile de traverser ...

DICTÉE

Dictée n° 2
En sortant de l'école
A la sortie de l'école, Vivien joue aux billes avec son ami Farid.
Vivien trace un grand carré sur le sol et Farid place les billes dans les coins.

Je prépare la dictée en copiant les mots suivants :

Vivien
Farid
il trace
un carré
il place

Je ferme mon livret et je fais la dictée.

Je compare avec le texte et je compte mes erreurs.

J'ai fait ☐ erreurs.

Je reporte le résultat sur le graphique page 96.

Je recopie les mots dans lesquels j'ai fait des erreurs.

AIDE-MÉMOIRE p. 129 **Je lis à la page indiquée** (n° 2).

RÉPERTOIRE
Je copie ces mots dans mon répertoire à la page indiquée :
une écriture (pp. 99, 101 et 123) - l'écriture (p. 119)
un enfant (pp. 108 et 124) - des enfants *(je n'oublie pas le t)*
l'école (p. 119) - une école (pp. 101 et 104)
l'élève (p. 119) - les élèves (pp. 101 et 102)
l'étude (p. 119) - les études (p. 101)
une image (p. 99) - l'image *(avec un g* ; pp. 113 et 119*)*
un ordre (p. 104) - l'ordre (p. 119)

3 Les noms

• Le nom est un mot important de la phrase.
Il désigne une personne, un animal ou une chose.
Exemples : un cuisinier, un chien, une ville.

• Le nom propre désigne une personne, un animal ou une chose en particulier.
Exemples : Paul, Rusti, Nice.

1. Complète avec l'article qui convient (un ou une) :

un choix	... assiette	... femme	... paquet
... soupe	... pain	... repas	... bouteille
... fourchette	... odeur	... plat	... dinde
... jus	... aliment	... gamine	... verre
... œuf	... enfant	... boîte	... nappe
... oncle	... cousine	... gâteau	... tranche

2. Copie les phrases en complétant avec le nom qui convient :

Le ... n'est pas une boisson pour les enfants.
Jocelyn coupe sa viande avec un ...
Katia attend le ... avec impatience.
Comme tous les jours, Yannick essuie la ...
Je prépare des tartines de ...
Trop d'enfants ne mangent pas à leur ...
Le dimanche, toute la famille va au ...

dessert
beurre
restaurant
vin
couteau
vaisselle
faim

3. Classe les mots suivants :

la crème - chercher - l'évier - le repas - réunir - jouer - sec - une cafetière - l'eau - avec - donc - le gigot - le sel - un bébé - vous - lui - deux - pour - rendre - du chocolat.

noms	autres mots
la crème, ...	chercher, ...

4. Dans chaque colonne, il y a un mot qui n'est pas un nom ; retrouve-le :

panier	pâte	figure	histoire
oublier	lettre	suivre	poire
sanglier	fenêtre	lecture	passoire
quartier	centre	voiture	boire
hôtelier	battre	mesure	mâchoire

5. Sous chaque dessin, écris un nom commun et un nom propre :

Noms communs : un château - un garçon - une moto - un chien - un homme - un cirque.
Noms propres : Versailles - Damien - Honda - Rex - Pinder - M. Durand.

un château
Versailles

...
...

...
...

...
...

...
...

...
...

6. Classe les noms suivants :

un client - du fromage - un canard - un camarade - un poulet - une salade - un couvercle - un serveur - ma sœur - une sardine - une fourchette - un escargot - du sucre - un sanglier - le pâtissier.

noms de personnes	noms d'animaux	noms de choses
un client, ...	un canard, ...	du fromage, ...

DICTÉE

Dictée n° 3

Le petit déjeuner

Chaque matin, papa prépare le petit déjeuner de toute la famille. Il pose le sucre, la confiture, le lait, le café et le pain sur la table.

Je prépare la dictée en copiant les mots suivants :

le déjeuner
préparer
poser

Je ferme mon livret et je fais la dictée.

Je compare avec le texte et je compte mes erreurs.

J'ai fait ☐ erreurs.

Je reporte le résultat sur le graphique page 96.

Je recopie les mots dans lesquels j'ai fait des erreurs.

AIDE-MÉMOIRE p. 132 **Je lis à la page indiquée** (n°s 2 et 3).

RÉPERTOIRE

Je copie ces noms dans mon répertoire à la page indiquée :

le sucre (p. 116)
une poire (p. 109)
la soupe (p. 103)
le café (pp. 101,114 et 115)
la confiture (pp. 108,114 et 115)
un œuf *(o et e liés ; pp. 105 et 115)*
le lait *(avec un t ; pp. 103 et 124)*
la salade (pp. 99 et 116)

4 Les verbes

• Dans une phrase, il faut savoir reconnaître le verbe.
Le verbe se conjugue et change de terminaison.
Exemples : Mariette porte des lunettes.
Vous porterez des lunettes.

• Pour désigner un verbe, on donne son infinitif.
Exemple : porter.
Dans le dictionnaire, les verbes sont écrits à l'infinitif.

1. Écris l'infinitif de ces verbes :

tu parles / nous parlerons / elle a parlé } parler

je tombe / elle tombera / nous sommes tombés } ...

il frissonne / vous frissonnerez / tu as frissonné } ...

nous restons / ils resteront / je suis resté } ...

2. Copie les phrases en complétant avec le verbe qui convient :

Tu ... avec une canne.
Nous ... la chambre à coucher.
Monsieur Collet ... des médicaments.
Ils ... un régime pour maigrir.
Vous ... toutes les deux minutes.
Bénédicte ... soigneusement ses cheveux.
Tous les matins, je ... un bain.

éternuez
brosse
marches
prends
achète
suivent
aérons

3. Dans cette liste, il y a des noms et des verbes ; classe-les (écris un déterminant devant les noms) :

passer - oreiller - cahier - voir - tourner - soir - crier - boire - poire - partir - plaisir - papier - laver - courir - mouchoir.

noms	verbes
un oreiller, ...	passer, ...

4. Retrouve les légendes et souligne les verbes :
Le docteur écoute le cœur de Lionel. M. Frantz tousse beaucoup. Le dentiste arrache une dent. Diane avale une cuillère de sirop.

...

...

...

...

5. Copie les phrases et écris l'infinitif des verbes :
Nous appelons le médecin. → appeler.
Les infirmières soignent les malades. → ...
Je suis en bonne santé. → ...
Tu as des boutons sur le bras. → ...
Le blessé respire avec peine. → ...

6. Retrouve les six verbes à l'infinitif qui sont cachés dans la grille :

G	A	R	D	E	R
U	W	I	Y	C	D
E	V	Z	D	F	G
R	O	U	L	E	R
I	I	M	M	N	R
R	R	I	R	E	H

aider
...
...
...
...
...

DICTÉE

Dictée n° 4

Un malade

Anthony est malade. Comme il tousse et qu'il a de la fièvre, il reste dans son lit.
Maman lui fait boire une tisane bien chaude.

Je prépare la dictée en copiant les mots suivants :

Anthony
tousser
la fièvre
une tisane

Je ferme mon livret et je fais la dictée.

Je compare avec le texte et je compte mes erreurs.

J'ai fait ☐ erreurs.

Je reporte le résultat sur le graphique page 96.

Je recopie les mots dans lesquels j'ai fait des erreurs.

AIDE-MÉMOIRE p. 134 **Je lis à la page indiquée** (n°s 9 et 10).

RÉPERTOIRE

Je copie ces verbes dans mon répertoire à la page indiquée :

couper *(un seul p ; pp. 103 et 114)*
marcher (p. 115)
tomber *(m devant le b ; p. 108)*
tourner (p. 103)
retenir (p. 99) } *sans e*
devenir (p. 99) } *sans e*
boire *(avec un e ; pp. 109 et 123)*

5 Le dictionnaire

- Pour trouver l'orthographe d'un mot, on peut consulter un dictionnaire.

Dans le dictionnaire, les mots sont classés par ordre alphabétique.

Exemple : construire se trouve avant fermer.

- Il faut donc connaître l'alphabet par cœur.

1. Complète les mots et vérifie l'orthographe dans ton dictionnaire :

Permet de monter sans utiliser l'escalier. → ascenseur.
Il loue une maison. → loc...
Ferme la porte. → ver...
Oiseau qui peut parler. → per...
Il possède une maison. → pro...
Pièce où l'on dort. → ch...

2. Écris le mot souligné à sa place selon l'ordre alphabétique :

rideau	bâtiment - grenier - rideau - salon - vitre.
cour	domicile - loyer - placard - sonnette.
confort	brique - mur - porte - serrure.
immeuble	chalet - étage - façade - poignée.
résidence	clé - garage - lucarne - store.
évier	cave - grue - plafond - tuile.

3. Complète avec des mots dont tu chercheras l'orthographe dans ton dictionnaire :

Alix a laissé le por... du jardin ouvert.
La moqu... de cette pièce est très épaisse.
Comme elle a froid, Samira ouvre le rad...
Blandine hab... rue Mozart.
Le bulldozer va démo... cette vieille cabane.
La charp... est terminée ; on va poser les tuiles.
M. Dubois cherche un app... de cinq pièces.

4. Le jeu du « bac »

Trouve dans ton dictionnaire des mots commençant par la même lettre :

	fleur	fruit	animal	métier
n	narcisse	noix	narval	notaire
c	...	...	...	...
p	...	...	...	...
r	...	...	...	représentant
b	bégonia	...	...	...
g	giroflée	...	...	...
m	...	...	...	...

5. Dans ton dictionnaire, trouve le mot placé avant et le mot placé après :

graissage ← graisse → graisser
... ← perruche → ...
... ← rouler → ...
... ← loin → ...
... ← batterie → ...
... ← vendre → ...

6. Écris les noms des différentes parties de cette maison :

Classe les noms par ordre alphabétique.

DICTÉE

Dictée n° 5

Une nouvelle maison

Monsieur Rivet cherche à louer une maison à la campagne avec un petit jardin.
La première qu'il visite lui convient tout de suite.
Il déménagera au mois de mars.

Je prépare la dictée en copiant les mots suivants :

nouvelle
Monsieur Rivet
premier - première
elle convient
il déménagera

Je ferme mon livre et je fais la dictée.

Je compare avec le texte et je compte mes erreurs.

J'ai fait ☐ erreurs.

Je reporte le résultat sur le graphique page 96.

Je recopie les mots dans lesquels j'ai fait des erreurs.

AIDE-MÉMOIRE p. 130 **Je lis à la page indiquée** (n° 4).

RÉPERTOIRE

Je copie ces mots dans mon répertoire à la page indiquée :

la maison *(un seul s ; pp. 103 et 116)*
la porte (p. 104)
la route (p. 103)
la cheminée *(avec un e ; pp. 115 et 123)*
propre (p. 104)
libre (p. 99)
solide (pp. 99, 104 et 116)

6 Les sons [f] et [v]

• A l'oreille, les lettres f et v peuvent se confondre.
Exemples : fin - vin.

• Je regarde toujours le sens du mot et de la phrase.
Exemples : la fin du film - un litre de vin.

1. Copie et complète avec f ou v :

des .romages .rais
un .rai ca.é
un poi.ron .ert
un .ase .ragile
une .euille .roissée
un .erre de lait
un .er à repasser
un .er de terre
un .ieux .usil
une .este neu.e

2. Complète les légendes avec un mot en f ou v :

Valérie joue du ...

Maman gare sa ...

3. Copie les phrases en complétant avec le mot formé avec des lettres en désordre figurant en bout de ligne :

Paris est une grande ville.	llevi
Pour Noël, toute la ... est réunie.	fallemi
Le ... sonne ; papa ouvre la porte.	fateurc
Le ... est dangereux ; on ralentit.	vigera
La neige tombe ; il fait ...	forid
Le ... est en crue.	vefleu
Mon ... écoute la radio.	sinvoi

Les sons [m] et [n]

- A l'oreille, les lettres m et n peuvent se confondre.
Exemples : miche - niche.
- Je regarde toujours le sens du mot et de la phrase.
Exemples : une miche de pain - la niche du chien.

4. Écris les noms qui vont avec les dessins :

un ...

un ...

une ...

5. Regarde attentivement les lettres m et n. Dans chaque colonne, encadre l'intrus :

volume	origine	mieux	pomme
lune	poitrine	niche	somme
fortune	cuisine	miel	comme
aucune	régime	mille	homme
chacune	usine	mince	donne

6. Complète avec ne ou me :

Il ... mange guère.
Ce chien ... mord pas.
Je ... tiens droit.
Tu ... demandes rien.

Je ... mets au lit.
Je ... mouche souvent.
Elle ... marchait plus.
Je ... méfie un peu.

7. Rébus

DICTÉE

Dictée n° 6

A la ferme

Nicolas va à la ferme avec maman pour y chercher des fromages, mais comme il a peur des vaches, il reste dans la voiture.

Je prépare la dictée en copiant les mots suivants :

Nicolas

je vais - tu vas - il va

chercher

Je ferme mon livret et je fais la dictée.

Je compare avec le texte et je compte mes erreurs.

J'ai fait ☐ erreurs.

Je reporte le résultat sur le graphique page 96.

Je recopie les mots dans lesquels j'ai fait des erreurs.

RÉPERTOIRE

Je copie ces mots dans mon répertoire à la page indiquée :

la vie *(avec un e ; p. 99 et 123)*
la semaine *(ai ; pp. 103 et 116)*
le fromage (pp. 104,113 et 115)
la faute *(au ; pp. 104 et 115)*
malade (p. 99)
froid (pp. 109 et 124) *(froide ; p. 115)*
pauvre (p. 104)

7 Le pluriel des noms

• Les noms prennent généralement un s au pluriel.
Exemples : des magasins, des ouvriers.

• Certains noms prennent un x au pluriel.
Exemples : des feux, des tuyaux, des marteaux.

• Attention ! Certains noms ont déjà un s ou un x au singulier.
Exemples : un concours, la paix.

1. Complète avec l'article (un, une, ou des) qui convient :

un travail	... table	... ciseaux	... vitrines
... train	... pointes	... caisse	... fumée
... trous	... escabeau	... fabrique	... problème
... détails	... chariot	... heures	... journaux
... marchand	... chevaux	... billet	... groupe
... lunettes	... pompe	... blouses	... main

2. Écris au pluriel :

le jeu → les jeux
le pompier → ...
la vente → ...
le couteau → ...
le produit → ...
le cheveu → ...
le poteau → ...
la lampe → ...
le tableau → ...
la réparation → ...
la commande → ...
le rouleau → ...

3. Copie les phrases en mettant les noms soulignés au pluriel :

Le peintre nettoie le pinceau. → ...
Le bijoutier vend une bague. → ...
Chez le coiffeur, on attend quelquefois. → ...
Ce garage recherche un mécanicien. → ...
Le maçon pose la brique avec soin. → ...
La fleuriste prépare un bouquet de fleurs. → ...

4. Écris au singulier :

les bois → le bois
des objets → ...
des amis → ...
des mois → ...
les bras → ...
les autobus → ...
les prix → ...
des appareils →
des vis → ...
les poids → ...

5. Souligne les noms de ce texte et classe-les :

Le matin, quand elles arrivent au bureau, les secrétaires ouvrent le courrier. Ensuite, elles branchent les machines à écrire et préparent les factures que le directeur signera dans la journée. Elles répondent au téléphone à tous les clients qui réclament la livraison des commandes.

noms au singulier	noms au pluriel
le matin, ...	les secrétaires, ...

6. Complète les légendes avec un nom au pluriel :

Exemple :
un boucher, un plombier, une couturière → des métiers.

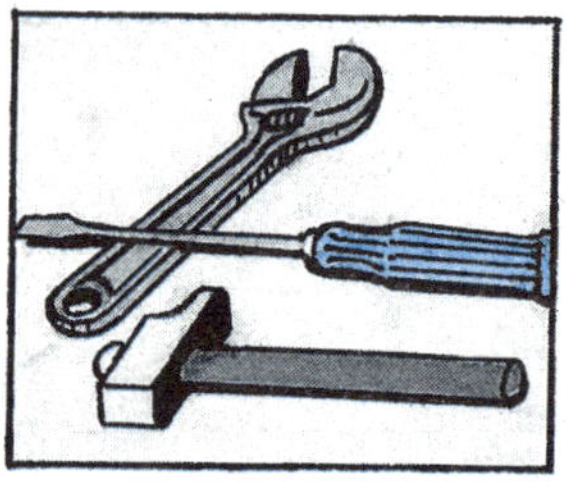

des o...

des a...

des v...

des l...

des j...

des m...

DICTÉE

Dictée n° 7

L'usine

Le père de Sidonie travaille dans une fabrique de meubles. Avec de grosses machines, il coupe des planches qui deviendront des armoires, des tables, des portes ou des lits.

Je prépare la dictée en copiant les mots suivants :

Sidonie

le travail - il travaille

elles deviendront

Je ferme mon livret et je fais la dictée.

Je compare avec le texte et je compte mes erreurs.

J'ai fait ☐ erreurs.

Je reporte le résultat sur le graphique page 96.

Je recopie les mots dans lesquels j'ai fait des erreurs.

AIDE-MÉMOIRE p. 133 **Je lis à la page indiquée** (n° 4).

RÉPERTOIRE

Je copie ces noms dans mon répertoire à la page indiquée :

la brique (pp. 99 et 114)
la marque (p. 114)
la fabrique (pp. 114 et 115)
un achat *(avec un t* ; pp. 115 et 124*)*
l'usine *(avec un s* ; pp. 116 et 119*)*
la fortune (pp. 104 et 115)
le cheval (p. 118) - les chevaux (pp. 104 et 123)

8 Les temps du verbe

• Selon le moment où se passe l'action, la terminaison du verbe varie.
Passé : Hier, Valérie a invité ses amies.
Présent : Aujourd'hui, Valérie invite ses amies.
Futur : Demain, Valérie invitera ses amies.

1. Indique par une croix le moment où se passe l'action :

	passé	présent	futur
	hier	aujourd'hui	demain
1. La fête a duré toute la nuit.	×		
2. La joie se lit sur les visages.			
3. On prépare le gâteau.			
4. Vous formerez une ronde.			
5. J'ai décoré le sapin de Noël.			
6. Tu ouvres le paquet-cadeau.			
7. Ils taperont dans leurs mains.			

2. Écris les phrases en complétant avec l'un des groupes suivants :

..., les garçons adorent les robots.
..., nous réveillonnerons au chalet.
..., le bal des pompiers n'a pas eu lieu.
..., on fête l'anniversaire de Maud.
..., tout le monde participait au carnaval.
..., les enfants sauteront de joie.

L'année dernière
Autrefois
Ce soir
Actuellement
Tout à l'heure
L'année prochaine

3. Copie les phrases, puis souligne en rouge celles qui sont au passé, en bleu celles qui sont au présent et en vert celles qui sont au futur :

Je porte un masque de renard.
Le cortège a traversé la place.
Le manège tournera longtemps.
Nadia a mangé des bonbons.
Tu pousseras des cris d'admiration.
Les enfants découpent des guirlandes.

4. Donne le titre qui correspond à chaque dessin.

Aujourd'hui, Cathy s'amuse encore à la poupée.
Plus tard, Cathy vendra peut-être des poupées.
Très tôt, Cathy a joué à la poupée.

...

...

...

5. Dans chaque colonne, encadre le verbe qui n'est pas à sa place :

passé	présent	futur
nous avons écouté	nous soupirons	je réciterai
je dessine	elle boude	elle sifflera
tu as dîné	il neige	nous avons perdu
il a regardé	tu chantes	il choisira
ils ont bavardé	vous partirez	elles devineront

DICTÉE

Dictée n° 8

Un anniversaire

Pour son anniversaire, Sabine a invité des camarades. Ensemble, elles jouent à la poupée. Dans un moment, Sabine soufflera les bougies et elles mangeront la tarte aux pommes.

Je prépare la dictée en copiant les mots suivants :

un anniversaire
Sabine
ensemble
un moment
souffler
la bougie

Je ferme mon livret et je fais la dictée.

Je compare avec le texte et je compte mes erreurs.

J'ai fait ☐ erreurs.

Je reporte le résultat sur le graphique page 96.

Je recopie les mots dans lesquels j'ai fait des erreurs.

AIDE-MÉMOIRE p. 135 **Je lis à la page indiquée** (n° 11).

RÉPERTOIRE

Je copie ces mots dans mon répertoire à la page indiquée :

hier *(avec un h ; pp. 111 et 118)*
demain *(a-i-n ; p. 105)*
le soir (p. 109)
rester (p. 111)
le costume (p. 104)
la poupée *(je n'oublie pas le e ; pp. 103 et 123)*
la couleur *(sans e ; pp. 103 et 117)*
voici (pp. 112 et 126)

9 Les sons [p] et [b]

• A l'oreille, les lettres p et b peuvent se confondre.
Exemples : le bain - le pain.

• Je regarde toujours le sens du mot et de la phrase.
Exemples : le maillot de bain - un morceau de pain.

1. Écris les noms qui vont avec les dessins :

un ...

une ...

un ...

2. Copie et complète les phrases avec le mot qui convient :

Mes amies jouent à la ... Maman achète une ... de laine.	pelote belote
Aujourd'hui, il fait très ... Bébé a la ... fragile.	beau peau
Cette ... ne pond plus d'œufs. Tu lances ta ... trop fort.	boule poule
Brice marche d'un ... rapide. Les hirondelles volent très ...	pas bas

3. Devinettes

Avec lui, on descend du ciel sans risque : ... arachute
Protège du soleil sur la plage : ... asol
A l'intérieur d'une pomme ou d'une orange : ... pin
Le mâle de la chèvre : ... uc
Quand elle explose, ça fait du bruit ! ... om...e
On l'ouvre pour parler ou pour manger : ... che

Les sons [t] et [d]

• A l'oreille, les lettres <u>t</u> et <u>d</u> peuvent se confondre.
Exemples : tinte - dinde.

• Je regarde toujours le sens du mot et de la phrase.
Exemples : la cloche <u>tinte</u> - la <u>dinde</u> de Noël.

4. Copie et complète avec <u>t</u> ou <u>d</u> :

la pé.ale du vélo
le pé.ale d'une fleur
rouler vi.e
rouler à vi.e
faire un .on
.on cartable
ven.re du muguet
avoir mal au ven.re
une .ouche froide
une .ouche de piano
un pein.re célèbre
pein.re le mur

5. Copie les mots dans la case qui convient :

Renaud achète un petit cadeau pour ta fête.
Les enfants forment une ronde.
Pour le dessert, Delphine prépare une tarte au citron.
Norbert est tombé ; il a mal au coude.
On voit du monde au bord de la route.

mots où l'on entend [d]	mots où l'on entend [t]
...	...

6. A chaque dessin correspond un mot. Complète la grille :

DICTÉE

Dictée n° 9

La chambre de Patrice

Ce matin, Patrice range ses jouets, puis il trie les livres. Il en laisse deux sur la table pour faire son devoir de calcul.

Je prépare la dictée en copiant les mots suivants :

Patrice
ranger
trier
laisser

Je ferme mon livret et je fais la dictée.

Je compare avec le texte et je compte mes erreurs.

J'ai fait ☐ erreurs.

Je reporte le résultat sur le graphique page 96.

Je recopie les mots dans lesquels j'ai fait des erreurs.

RÉPERTOIRE

Je copie ces mots dans mon répertoire à la page indiquée :

la table (p. 99)
la carte (p. 99)
le matin (pp. 99 et 107)
la bouche (pp. 103 et 115)
la plume
la dent (pp. 108 et 124)
dans (pp. 108 et 124) la rue (p. 123)

10 Les adjectifs

• L'adjectif est un mot qui précise le nom.
Exemples : un petit chat - un chat affectueux.

• Il s'accorde avec le nom.
Exemples : une petite chatte - des petits chats.

1. Écris au féminin :

un perroquet bavard → une perruche bavarde.
un lapin gris → une souris ...
un plumage noir → une plume ...
un long museau → une ... queue.
un poil luisant → une fourrure ...
un coussin épais → une couverture ...

2. Précise les noms avec un des adjectifs :
Exemple : des poissons rouges.

des poissons	pointues
un animal	basse
des griffes	rouges
une oreille	familier

une tortue	clairs
des yeux	heureux
un chien	courtes
des pattes	paresseuse

3. Écris les phrases en complétant avec un des adjectifs suivants :

Malgré son air féroce, le boxer est un ... compagnon.
Les chatons sont bien ...
Madame Dorin est ... de son lévrier.
Hugues adore son ... caniche.
Les cobayes dévorent les carottes ...
L'année ..., ce jeune chiot aura grandi.

fière
prochaine
gentil
craquantes
maladroits
vieux

4. Complète les légendes avec un adjectif que tu accorderas :
blanc - peureux - appétissant - étroit.

une niche ...

des os ...

une chienne ...

une tourterelle...

5. Complète avec un adjectif formé à partir de ces syllabes et accorde :

Lucifer dort dans une pannière toute <u>ronde</u>.
Je caresse les g... oreilles de mon épagneul.
Roxy se prend les pattes dans la ... chaîne.
En cette ... journée, les caniches ont soif.

gran	
lour	de
chau	
ron	

6. <u>Mots croisés</u>

1. Le nombre juste avant dix.
2. Médor les aime.
3. Année.
4. Une fleur qui sent bon ou une couleur.

A. Le contraire de blanc.
B. <u>Être</u> au présent (2e pers. du sing.) : tu...
C. Une carte à jouer ou un champion.
D. Mince et pas grosse du tout.

	A	B	C	D
1				
2			■	
3		■		
4		O		

DICTÉE

Dictée n° 10
Un petit chat
Le petit chat noir de Mathieu est très sage, trop sage. S'il joue des heures avec sa balle bleue, il ne chasse pas les souris grises !

Je prépare la dictée en copiant les mots suivants :

Mathieu
très - trop
l'heure
la souris

Je ferme mon livret et je fais la dictée.

Je compare avec le texte et je compte mes erreurs.

J'ai fait ☐ erreurs.

Je reporte le résultat sur le graphique page 96.

Je recopie les mots dans lesquels j'ai fait des erreurs.

AIDE-MÉMOIRE p. 133 **Je lis à la page indiquée** (n°s 5 et 6).

RÉPERTOIRE
Je copie ces adjectifs dans mon répertoire à la page indiquée :

pénible (p. 101)
triste (p. 99)
sage *(avec un g ; pp. 113 et 116)*
brave (p. 118)
riche (p. 115)
bon (p. 108) - bonne *(2 n au féminin ; p. 121)*
rond (p. 124) - ronde (p. 108)
sec (p. 111) - sèche (pp. 102 et 115)

11 Le pluriel du groupe du nom

Plusieurs adjectifs peuvent préciser le nom et s'accorder avec lui.
Exemples :
un petit camion neuf - une petite remorque neuve,
des petits camions neufs - des petites remorques neuves.

• Attention ! Certains mots peuvent accompagner le nom sans s'accorder.
Exemples : une voiture de course - des voitures de course.

1. Écris les groupes que tu formeras avec les mots suivants :

une panne	neuve	une panne imprévue
une autoroute	barrées	une autoroute e...
des conducteurs	communal	...
une mobylette	imprévue	...
un chemin	prudents	...
des rues	encombrée	...

2. Transforme selon le modèle :
ce petit taxi jaune → ces petits taxis jaunes.
cette dernière place assise → ...
cet avion moderne et rapide → ...
cette nouvelle gare routière → ...
ce grand vélo rouge → ...

3. Transforme encore selon le modèle :
mon pneu crevé → mes pneus crevés.
ton phare éteint → ...
notre agréable séjour → ...
votre important retard → ...
son itinéraire habituel → ...
leur vitesse réduite → ...

4. Complète les légendes avec les mots suivants :
plusieurs - trois - quelle - chaque.

... belle moto !

... passager prend son billet.

... camions attendent au péage.

Ce train n'a que ... wagons.

5. Copie les phrases en mettant le nom souligné au pluriel et accorde :
Les piétons empruntent le passage souterrain. → ...
La nuit, les passants évitent le quai désert. → ...
Le voyageur porte une lourde valise. → ...
Après ce long tunnel, la route est dégagée. → ...
On ne circule pas sur la voie réservée aux taxis. → ...

6. Place un article devant les mots suivants (un, une ou des) :
des passages à niveau
... chemins de fer
... train de marchandises
... collection de voitures
... ceintures de sécurité
... rames de métro
... foule de cyclistes
... cars de ramassage
... hôtesses de l'air
... carnet de tickets

DICTÉE

Dictée n° 11

Une voiture neuve

Le grand frère de Gaëlle a une nouvelle voiture depuis une semaine. Comme il a peur d'avoir un accident, il roule lentement dans les petites rues de la ville.

Je prépare la dictée en copiant les mots suivants :

Gaëlle
depuis
un accident
lentement

Je ferme mon livret et je fais la dictée.

Je compare avec le texte et je compte mes erreurs.

J'ai fait ☐ erreurs.

Je reporte le résultat sur le graphique page 96.

Je recopie les mots dans lesquels j'ai fait des erreurs.

AIDE-MÉMOIRE p. 134 **Je lis à la page indiquée** (n° 7).

RÉPERTOIRE

Je copie ces mots dans mon répertoire à la page indiquée :

la conduite (p. 108)
la sortie *(avec un e* ; p. 123*)*
la personne *(deux n* ; pp. 116 et 121*)*
le retour *(sans e* ; p. 103*)*
la voiture (p. 109)
agréable (pp. 99 et 101)
bleu (p. 106)
trois *(avec un s* ; pp. 124 et 126*)*
quatre *(sans s* ; pp. 114 et 126*)*
rare (p. 99)

12 Les sons [s] et [z]

- A l'oreille, les sons [s] et [z] peuvent se confondre.
Exemples : ruse - russe.
- Je regarde toujours le sens du mot et de la phrase.
Exemples : la ruse du renard - la langue russe.
- Attention ! les sons [s] et [z] peuvent s'écrire de plusieurs manières. Il est prudent de vérifier dans le dictionnaire.
Exemples :
[s] { un lacet, elle pousse. / le garçon, la danse, attention.
[z] { le gazon. / la maison.

1. Complète avec s ou z :

on..e	la ga...elle	le ga...	la cui...ine
le lé...ard	la chemi...e	le ba...ar	une vali...e
l'oi...eau	...éro	la vi...ite	la dou...aine
l'u...ine	la mu...ique	le ...èbre	une ardoi...e

2. Complète avec s, ss ou c :

la mou...e	le ... itron	pa...er	fon...er
la ...igale	lan...er	la cla...e	la cui...e
la ...alade	pin...er	la cha...e	la chan...on
la vite...e	pou...er	un ber...eau	un e...calier

3. A chaque dessin correspond un nom. Complète la grille :

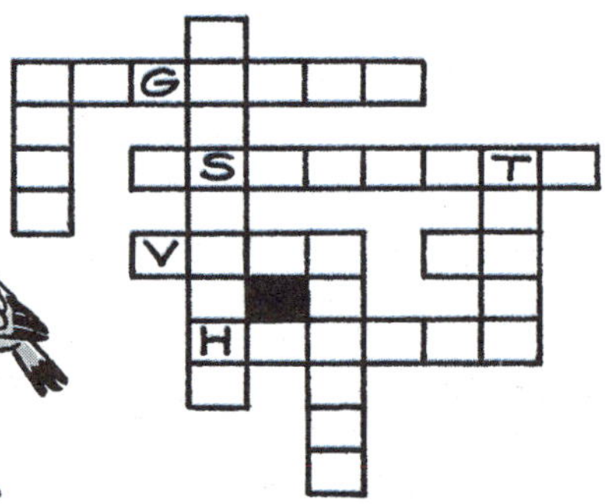

Les sons <u>ch</u> et <u>je, ge</u>

• A l'oreille, les sons <u>ch</u> et <u>je, ge</u> peuvent se confondre.
Exemples : cage - cache.

• Je regarde toujours le sens du mot et de la phrase.
Exemples : la cage de l'oiseau - l'oiseau se cache.

4. Écris les noms qui vont avec les dessins :

un ...

un ...

une ...

5. Copie et complète avec le mot qui convient :

On ne parle pas la ... pleine.
Si Julie ..., la photo sera ratée.
Il faut tenir un couteau par son ...
José a faim ; il ... un gâteau.

manche
mange
bouge
bouche

6. Même exercice :

Le piéton ... sur le trottoir.
Tu écris la date dans la ...
Maman prépare du ... pour midi.
Charlotte ... avec son ours.

chou
joue
marche
marge

7. Rébus

DICTÉE

Dictée n° 12

Une petite <u>sœur</u>

La petite sœur de <u>Serge</u> est très sage. Chaque soir, Serge lui chante une chanson. Elle reste dans son <u>berceau</u> et ne bouge pas ; elle <u>adore</u> la musique.

Je prépare la dictée en copiant les mots suivants :

la soeur
Serge
le berceau
adorer

Je ferme mon livret et je fais la dictée.

Je compare avec le texte et je compte mes erreurs.

J'ai fait ☐ erreurs.

Je reporte le résultat sur le graphique page 96.

Je recopie les mots dans lesquels j'ai fait des erreurs.

AIDE-MÉMOIRE p. 131 **Je lis à la page indiquée** (n°s 5, 6, 7 et 8).

RÉPERTOIRE

Je copie ces mots dans mon répertoire à la page indiquée :

la musique (pp. 114 et 116)
la chemise (p. 116) } *(un seul <u>s</u>)*
la chanson (p. 116)
la chasse *(deux <u>s</u>* ; pp. 115 et 116*)*

le nuage (p. 113)
large (p. 113)
bonjour (p. 113)

13 Le présent : avoir et être

• être	• avoir
je suis à la campagne	j'ai de la chance
tu es à la campagne	tu as de la chance
il est à la campagne	il a de la chance
nous sommes à la campagne	nous avons de la chance
vous êtes à la campagne	vous avez de la chance
elles sont à la campagne	elles ont de la chance

1. Complète avec le pronom de conjugaison qui convient :

Nous avons le temps.
... ai sommeil.
... avez froid.
... n'as rien à faire.
... y a du brouillard.
... ont des feuilles.

Je suis en colère.
... est heureuse.
... es chez tes cousins.
... sommes en retard.
... sont au bord de l'étang.
... êtes à l'abri.

2. Écris au présent :

Tu es en vacances.
Je ...
Céline ...
Vous ...
Les touristes ...
Nous ...

J'ai un jardin potager.
Les voisins ...
Tu ...
M. Forest ...
Nous ...
Vous ...

3. Écris les phrases en complétant avec le verbe avoir au présent :

Boris ... un oncle qui vit en Auvergne.
J'... un bouquet de pervenches.
Nous ... des chaussures de marche.
Les fleurs ... des pétales jaunes.
Tu ... du chemin à parcourir.
...-vous assez chaud sans bonnet ?

4. Copie les phrases en complétant avec le verbe être au présent :

Nous ... au début du printemps.
La récolte de blé ... abondante.
Je ... content d'aller cueillir du lilas.
Vous ... ici chez vous.
Les fermiers ... au travail dès l'aube.
Tu ... au sommet de la colline.

5. Complète les légendes avec être ou avoir au présent :

Je ... derrière le tracteur.

Vous ... un nouvel arrosoir.

Éric n'... pas peur des vaches.

Ces légumes ... magnifiques.

6. Écris toutes les formes des verbes être et avoir au présent, puis place-les dans les grilles :

être
suis
...
...
...
...
...

avoir
ai
...
...
...
...
...

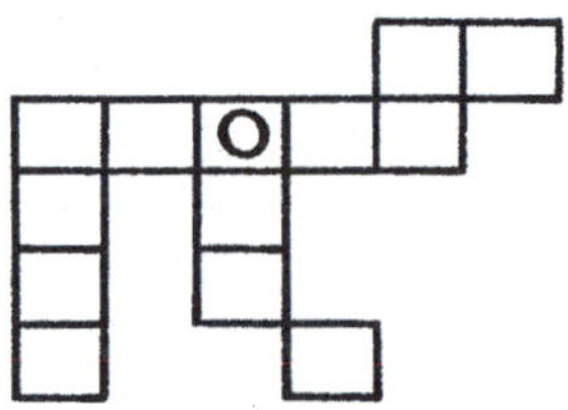

DICTÉE

Dictée n° 13
A la campagne
Comme mes parents ont une semaine de vacances, nous sommes chez nos amis de Bretagne.
De grand matin, Papa est au bord de la rivière : il a du courage !

Je prépare la dictée en copiant les mots suivants :

les vacances
un ami
la Bretagne

Je ferme mon livret et je fais la dictée.

Je compare avec le texte et je compte mes erreurs.

J'ai fait ☐ erreurs.

Je reporte le résultat sur le graphique page 96.

Je recopie les mots dans lesquels j'ai fait des erreurs.

AIDE-MÉMOIRE p. 136 **Je lis à la page indiquée.**

RÉPERTOIRE
Je copie ces mots dans mon répertoire à la page indiquée :
le blé *(avec un é ; p. 101)*
la vache (p. 115)
le sol *(sans e ; p. 104)*
l'arbre (p. 119)
l'étable (pp. 101 et 119)
le fermier (pp. 101 et 111) - la ferme (p. 115)
avoir (p. 109)
être (p. 102)

14 Les sons oin et ion

• A l'écrit, je ne confonds pas oin et ion.
Exemples : loin - lion.

• Je regarde toujours le sens du mot et de la phrase.
Exemples : le lion vit en Afrique ; c'est très loin.

1. Écris les mots dans la case qui convient :
besoin - la question - moins - la pointure - la réunion - le pion - le coin - rejoindre - l'allocation - l'émission - le témoin - le champion - coincer - l'explication.

mots en oin	mots en ion
besoin, ...	la question, ...

2. Complète avec oin ou ion :
Jennifer travaille avec s...
A la pétanque, c'est mon oncle qui p...te.
Bébé dort à p...gs fermés.
Xavier a trouvé la solut... du problème.
Les élèves attendent la récréat...
M. Chapuis assure la direct... de l'école.
J'adore la confiture de c...gs.

3. Devinettes
Il vole, mais ce n'est pas un oiseau : l'av...
L'hiver, c'est la nourriture des vaches : le f...
L'addition en est une : une op...
Autre nom d'un poids lourd : un ca...
C'est le cinéma chez soi : la té...

Les sons ien et ein

• A l'écrit, je ne confonds pas ien et ein.
Exemples : rien - rein.

• Je regarde toujours le sens du mot et de la phrase.
Exemples : Papa ne porte rien, car il a mal aux reins.

4. Écris les noms qui vont avec les dessins :

la ...

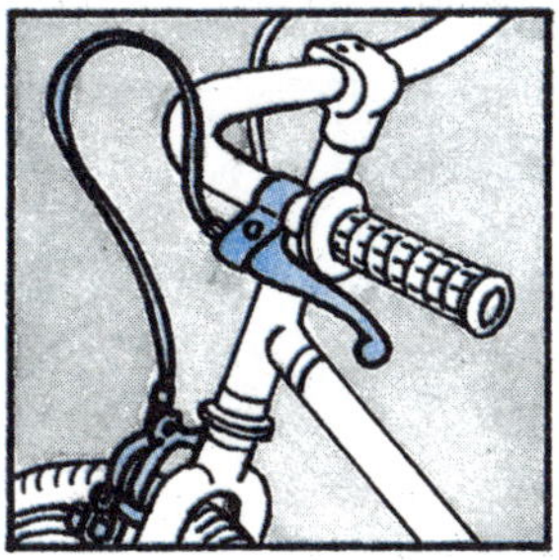

le ...

le ...

5. Copie et complète avec ien ou ein :

un verre pl...
une p...ture bleue
On ét...t la lumière.
Il ne mange r...
Tout va b...

une t...te claire
Elle v...t nous voir.
Ce livre est le m...
le gard... de but
Il rep...t le mur.

6. Complète selon le modèle :

Celui qui habite à Paris est un Parisien.
Celui qui habite en Italie ....
Celui qui habite en Alsace ...
Celui qui habite au Canada ...
Celui qui joue de la musique est un musicien.
Celui qui va au collège ...
Celui qui a fait de la mécanique ...
Celui qui fait de la magie ...

DICTÉE

Dictée n° 14

Un métier pour plus tard

Dans un coin de la cour de récréation, Adrien et Valérian font des projets.
Adrien veut piloter des avions et Valérian être comédien pour passer à la télévision.

Je prépare la dictée en copiant les mots suivants :

la récréation
Adrien
Valérian
le projet
piloter
passer

Je ferme mon livret et je fais la dictée.

Je compare avec le texte et je compte mes erreurs.

J'ai fait ☐ erreurs.

Je reporte le résultat sur le graphique page 97.

Je recopie les mots dans lesquels j'ai fait des erreurs.

RÉPERTOIRE

Je copie ces mots dans mon répertoire à la page indiquée :

le coin (p. 105)	le lapin (p. 107)
le lion (p. 108)	le chemin (p. 107)
le chien (p. 106)	la main (p. 105) droite (p. 109)
rien (p. 106)	le pain (p. 105) au chocolat (pp. 104 et 124)

15 L'accord verbe/sujet (1)

• Avant d'écrire la terminaison d'un verbe, il faut chercher le groupe sujet. Le verbe s'accorde avec le sujet.

Exemple : Julien adore la télévision.

Qui est-ce qui adore la télévision ? Julien.

C'est Julien qui adore la télévision.

1. Suis les fils pour écrire les phrases :

Mes parents	répondent à toutes les questions.
M. Chevrier	détestent les coupures publicitaires.
Nous	s'installe dans son fauteuil.
Les candidats	se terminera dans dix minutes.
Le match	imite la voix des chanteurs.
Patrick Sébastien	recevons la 5e chaîne.

2. Écris les phrases que tu formeras avec les groupes suivants :

Tu	revois ce film pour la troisième fois.
Vous	découvrent un nouveau jeu.
Je	restez des heures devant votre écran.
Le magicien	adores les émissions amusantes.
Nous	étonne les télespectateurs.
Ils	nous coucherons après *La Vie des animaux*.

3. Écris les phrases en complétant avec un pronom de conjugaison :

Elle a suivi un reportage sur le Sahara.
... baisse le son.
... préfèrent les dessins animés.
... changeons facilement d'avis.
... retrouvez vos héros favoris.
... achètes un magazine de télévision.

4. Entoure le groupe sujet et copie les phrases en le remplaçant par un pronom de conjugaison (il, elle, ils ou elles) :

Les danseurs arrivent sur la scène. → Ils arrivent ...
Maman attend les résultats du loto.
Madame Carita loue un téléviseur portatif.
Les informations ennuient les jeunes enfants.
Les journalistes interrogent le Président.
Armelle connaît le programme par cœur.
Les caméras suivent les coureurs.

5. Complète les légendes avec les groupes sujets suivants :
Le feuilleton - Le présentateur - Papa - Les enfants.

... terminent leurs devoirs.

... a oublié son texte.

... passionne toute la famille

... essaie de régler l'antenne.

DICTÉE

Dictée n° 15

La télévision

Le mercredi, je regarde la télévision avec mes camarades d'école. Nous cherchons les émissions pour les enfants. Nous aimons les dessins animés, mais aussi les chansons et la musique.

Je prépare la dictée en copiant les mots suivants :

l'émission
le dessin animé
les dessins animés
aussi

Je ferme mon livret et je fais la dictée.

Je compare avec le texte et je compte mes erreurs.

J'ai fait ☐ erreurs.

Je reporte le résultat sur le graphique page 97.

Je recopie les mots dans lesquels j'ai fait des erreurs.

AIDE-MÉMOIRE p. 134 **Je lis à la page indiquée** (n° 10).

RÉPERTOIRE

Je copie ces mots dans mon répertoire à la page indiquée :

toucher (p. 115)
chercher (pp. 111 et 115)
regarder (p. 99)
lire *(avec un e)*
la journée *(avec un e* ; pp. 113 et 123*)*
le bouton *(un seul t* ; pp. 103 et 108*)*
le journal (p. 113)

16 Le présent des verbes comme chanter

caresser

Je caresse une biche.
Tu caresses une biche.
Elle caresse une biche.
Nous caressons une biche.
Vous caressez une biche.
Ils caressent une biche.

1. Écris au présent :

parler — je parle, nous parlons, elle parle.
monter — il ..., elles ..., je ...
écouter — nous ..., tu ..., on ...
chanter — tu ..., vous ..., elles ...
bavarder — ils ..., je ..., vous...
tomber — tu ..., on ..., ils ...

2. Écris les phrases que tu formeras avec les groupes suivants :

Nous
Je
Les singes
Vous
Tu
Le tigre

se lèche les pattes.
guettez les chevreuils.
recherchons des plumes de faisan.
rencontres des écureuils.
donne du pain aux cygnes.
sautent de branche en branche.

3. Écris au présent :

Je dessine des zèbres.
Tu ...
Estelle ...
Les élèves ...
Nous ...
Vous ...

Tu aimes les oiseaux.
Békir ...
J'...
Nous ...
Vous ...
Les enfants ...

4. Copie les phrases en mettant les verbes soulignés au présent :

dévorer	Les lions ... une gazelle.
traverser	Vous ... une forêt.
adorer	Les ours ... le miel.
détester	Je ... l'odeur des sangliers.
avancer	Les dromadaires ... lentement.
pousser	Le loup ... des hurlements.
arracher	L'éléphant ... un arbre avec sa trompe.

5. Écris les verbes de ce texte au présent :

L'été dernier, nous visitions le parc de la Vanoise. Lorsque nous marchions près des rochers, j'en profitais pour sortir mon appareil-photo, mais les chamois restaient invisibles. A la place, je photographiais des marmottes.
Cet été, nous visitons...

6. Mots croisés

Tous les verbes sont à conjuguer au présent.

Horizontalement
1. Fermer : nous ...
3. Nouer : il ...
4. Oser : elle ...
5. Être : vous ... . Avoir : tu ...
7. Tatouer : vous ...

Verticalement
A. Foncer : ils ...
C. Rouler : elles ...
F. Saler : je ...
G. Scier : tu ...

DICTÉE

Dictée n° 16

Au zoo

Comme elle adore les animaux, Aurélie visite un zoo. Elle regarde un singe qui joue avec un morceau de bois. Dans une cage, des lions tournent en rond.

Je prépare la dictée en copiant les mots suivants :

le zoo
adorer
Aurélie
un morceau
en rond

Je ferme mon livret et je fais la dictée.

Je compare avec le texte et je compte mes erreurs.

J'ai fait ☐ erreurs.

Je reporte le résultat sur le graphique page 97.

Je recopie les mots dans lesquels j'ai fait des erreurs.

AIDE-MÉMOIRE p. 136 **Je lis à la page indiquée.**

RÉPERTOIRE

Je copie ces mots dans mon répertoire à la page indiquée :

tourner (p. 103)
couper *(un seul p* ; p. 103*)*
marcher (p. 115)
laver (p. 99)
le singe (pp. 107,113 et 116)
l'animal *(*p. 119 ; *les animaux* ; pp. 104 et 123*)*
la prison *(un seul s* ; pp. 108 et 116*)*

17 est - et

• Je ne confonds pas :
— est, verbe être qui peut être remplacé par sont, était, sera, ...
— et, petit mot de liaison.
Exemples : Ma sœur est gracieuse et souriante.
Mes sœurs sont gracieuses et souriantes.

1. Écris les phrases que tu formeras avec les groupes suivants :

Le parrain d'Ivan		un jour de fête.
Les enfants	est	dans la même classe.
Noël		agriculteur en Normandie.
Les garçons	sont	dans son berceau.
Bébé		devant la télévision.
Eddy et son ami		plus remuants que les filles.

2. Écris les mots soulignés au singulier et accorde :

Ces prénoms sont vraiment à la mode.
Tes frères sont à l'école maternelle.
Mes cousins sont jeunes et en bonne santé.
Ces jouets sont amusants et instructifs.
Les nourrices sont douces et patientes.

3. Copie les phrases en mettant les verbes au présent :

Antonia était l'aînée de la famille.
Ma tante Irène était une écolière appliquée.
Monsieur Morin sera bientôt en vacances.
Madame Lavant était la marraine de Coralie.
Maman sera fière de ses enfants.

4. Complète les légendes avec <u>et</u>, <u>est</u> ou <u>sont</u> :

Alexia ... grande
... brune.

Alexia ... Sandy ... grandes
... brunes.

Papino ... calme
... heureux.

Papino ... Mamina ... calmes
... heureux.

5. Écris au présent :

Mélinda <u>est</u> impatiente de grandir <u>et</u> d'aller au collège.
Les jeunes ...
Tu ...
Il ...
Les invités <u>sont</u> à table <u>et</u> ils mangent de bon appétit.
Walter ...
Elle ...
Vous ...

6. Complète les proverbes avec <u>et</u> ou <u>est</u> :

Quand le chat ... parti, les souris dansent.
Le temps, c'... de l'argent.
Tout ce qui brille n'... pas or.
C'... la poule qui chante qui a fait l'œuf.
La parole ... d'argent ... le silence ... d'or.

DICTÉE

Dictée n° 17

Un mariage

C'est un grand jour. Toute la famille est réunie pour le mariage de ma sœur Alice. Elle est belle comme une reine dans sa robe blanche et bleue.

Je prépare la dictée en copiant les mots suivants :

c'est un jour – c'était un jour
une famille réunie
des parents réunis
Alice

Je ferme mon livret et je fais la dictée.

Je compare avec le texte et je compte mes erreurs.

J'ai fait ☐ erreurs.

Je reporte le résultat sur le graphique page 97.

Je recopie les mots dans lesquels j'ai fait des erreurs.

AIDE-MÉMOIRE p. 135 **Je lis à la page indiquée** (n° 14).

RÉPERTOIRE

Je copie ces mots dans mon répertoire à la page indiquée :

la famille *(un m, deux l ; p. 110)*
maman (p. 108)
le mariage (p. 113)
le bébé (p. 101)
une personne *(deux n)*
lundi *(l-u-n ; p. 107)*
mardi (p. 99)
jeudi (pp. 106 et 113)
samedi (p. 116)

18 Des lettres que l'on n'entend pas

• Pour trouver la lettre finale d'un mot, on peut penser à un mot de la même famille.
Exemples : grand → grande,
bras → embrasser,
un achat → acheter.

1. Écris les mots qui vont ensemble :

le transport	se reposer
le lait	retarder
le repos	fouetter
haut	le dentiste
le permis	transporter
un fouet	la hauteur
le retard	la permission
la dent	la laiterie

le transport - transporter
...
...
...
...
...
...
...

2. Écris au masculin :

une robe longue → un pantalon ...
une veste chaude → un anorak ...
une fillette blonde → un garçon ...
une cravate verte → un manteau ...
une jupe blanche → un blouson ...
une chemise ouverte → un col ...

3. Dans chaque colonne, regarde les lettres finales et encadre l'intrus :

chat	blé	chant	haricot
chocolat	marché	dans	sirop
matelas	pâté	géant	robot
nougat	pied	gant	escargot
plat	résumé	restaurant	sabot

4. A chaque dessin correspond un mot. Complète la grille :

5. Complète selon le modèle :

Partir, c'est prendre le départ.
Grossir, c'est devenir ...
Sauter, c'est faire un ...
Galoper, c'est aller au ...
Refroidir, c'est rendre plus ...
Réconforter, c'est apporter du ...
Épaissir, c'est rendre plus ...

6. Complète cette chaîne (Chaque mot débute par la lettre finale du précédent.) :

loup - sortie - tronc - doux - rang - palais - enfant - canard - gentil.

DICTÉE

Dictée n° 18

L'hiver

Comme il fait froid ce matin, Claudine enfile un manteau chaud pour aller à l'école et elle protège son visage avec un gros foulard vert.

Je prépare la dictée en copiant les mots suivants :

Claudine
le manteau
elle protège
un foulard

Je ferme mon livret et je fais la dictée.

Je compare avec le texte et je compte mes erreurs.

J'ai fait ☐ erreurs.

Je reporte le résultat sur le graphique page 97.

Je recopie les mots dans lesquels j'ai fait des erreurs.

AIDE-MÉMOIRE p. 132 **Je lis à la page indiquée** (n° 9).

RÉPERTOIRE

Je copie ces mots dans mon répertoire à la page indiquée :

le lit (p. 124) } *(avec un t)*
un parent (pp. 108 et 124) } *(avec un t)*
le bois *(avec un s ; p. 124)*
deux *(avec un x ; pp. 123 et 126)*

mort (pp. 104 et 124) - morte
grand (pp. 108 et 124) - grande
gros (pp. 104 et 124) - grosse (p. 116)

19 Les consonnes doubles

• Pour savoir s'il faut doubler une consonne, je vérifie dans le dictionnaire.
Exemples : une année, apprendre, la lettre, une pomme, un ballon, la chasse.

1. Copie ces mots en les complétant avec une ou deux consonnes :

n - nn	do...er - bo...et - rete...ir - so...er.
t - tt	a...aquer - me...re - ma...in - mie...e.
l - ll	fami...e - éco...e - jui...et - va...ée.
r - rr	ca...é - pie...e - cou...ir - a...acher.
s - ss	cla...e - gro...ir - de...in - vi...ite.
p - pp	a...rocher - l'a...el - ta...is - la...in.
f - ff	o...rir - en...in - éto...e - en...ant.
c - cc	o...uper - a...ident - a...ord - cho...olat.
m - mm	ho...e - fe...e - co...ent - che...in.

2. Complète la grille :

1000 →
Le chat les sort parfois. →
Le petit de la poule. →
Permettent de mieux voir. →
Grave, aigu ou circonflexe. →
Grand récipient pour le vin. →
Recouvre la table. →

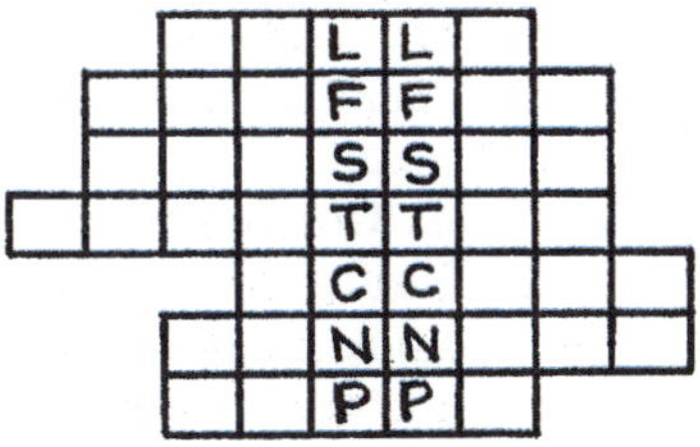

3. Complète les légendes avec les mots suivants :
terre - arrive - échappe - réveille.

Un dragon gigantesque
sort de ...

Blanche Neige ...
à la méchante reine.

Cendrillon ...
au bal.

Le Prince ...
la Belle au Bois dormant.

4. Copie les phrases en les complétant avec un des mots suivants :

La ... est un fruit très sucré.
Mistigri tend sa ...
Ton ... habite en Bretagne.
Le chaton s'endort sur un ...
Anne prépare une ... à crêpes.
J'écris la ... au tableau.

patte
pâte
datte
date
cousin
coussin

5. Copie les phrases en les complétant avec le mot qui convient :
Le Petit Poucet a semé des cai... blancs.
La sorcière je... un sort au lutin.
Le Petit Chaperon rouge porte un pot de be...
Petit Pierre se marie avec la fi... du roi.
Pers... n'aimait le vilain petit canard.
L'ogre chau... ses bo... de sept lieues.

DICTÉE

Dictée n° 19

Un conte de fées

Quand maman lui raconte l'histoire du roi qui va à la chasse et qui rencontre une femme, belle comme une princesse, Emmanuelle ouvre grandes ses oreilles.

Je prépare la dictée en copiant les mots suivants :

un conte de fées
quand
l'histoire
rencontrer
la princesse
Emmanuelle

Je ferme mon livret et je fais la dictée.

Je compare avec le texte et je compte mes erreurs.

J'ai fait ☐ erreurs.

Je reporte le résultat sur le graphique page 97.

Je recopie les mots dans lesquels j'ai fait des erreurs.

AIDE-MÉMOIRE p. 131 **Je lis à la page indiquée** (n° 3).

RÉPERTOIRE

Je copie ces mots dans mon répertoire à la page indiquée :

l'homme (pp. 118 et 121)
la femme (pp. 115 et 121) *(deux m)*
la pomme (p. 121)
la classe (p. 116)
la tasse (p. 116) } *(deux s)*
la fille *(deux ll* ; pp. 110 et 115*)*
l'année *(deux n, un e* ; pp. 121 et 123*)*

20 Le présent de quelques verbes

aller	venir	faire
je vais	je viens	je fais
tu vas	tu viens	tu fais
il va	elle vient	il fait
nous allons	nous venons	nous faisons
vous allez	vous venez	vous faites
elles vont	ils viennent	elles font
dire	finir	prendre
je dis	je finis	je prends
tu dis	tu finis	tu prends
elle dit	il finit	elle prend
nous disons	nous finissons	nous prenons
vous dites	vous finissez	vous prenez
ils disent	elles finissent	ils prennent

1. Écris au présent les verbes soulignés :

aller	tu ..., il ..., ils ...
venir	elle ..., je ..., nous ...
dire	il ..., nous ..., vous ...
comprendre	tu ..., ils ..., vous ...
faire	je ..., on ..., elles ...
grandir	ils ..., vous ..., je ...

2. Copie les phrases en mettant les verbes soulignés au présent :

apprendre	Jordan ... le métier de charcutier.
revenir	Vous ... avec toutes les commissions.
choisir	Nous ... des fromages.
dire	Tu ... bonjour au pharmacien.
reprendre	Je ... un litre de lait.
défaire	Les vendeuses ... les cartons.

3. Écris au présent :

Tu vas au supermarché et tu fais des achats.
Mes parents ...
Clément ...
Je ...
Fatima ...
Nous ...
Vous ...

4. Complète avec un des verbes que tu écriras au présent :
convenir - vouloir - remplir - surprendre.

La note me ...

Ce modèle ne lui ... pas.

... -vous un autre sac ?

Tu ... ton chariot.

5. Remplis la grille avec les verbes que tu conjugueras au présent :

1. Prendre : il ...
2. Venir : tu ...
3. Faire : vous ...
4. Dire : ils ...
5. Finir : je ...
6. Aller : je ...
7. Prendre : vous ...
8. Dire : nous ...

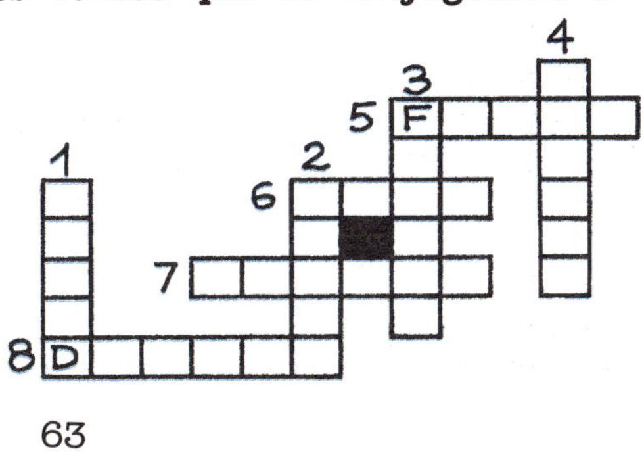

DICTÉE

Dictée n° 20

Au supermarché

Le vendredi, nous allons au supermarché.
Maman fait le tour des rayons avec sa liste à la main. Toute la famille revient avec d'énormes sacs.

Je prépare la dictée en copiant les mots suivants :

le supermarché
le rayon
énorme

Je ferme mon livret et je fais la dictée.

Je compare avec le texte et je compte mes erreurs.

J'ai fait ☐ erreurs.

Je reporte le résultat sur le graphique page 97.

Je recopie les mots dans lesquels j'ai fait des erreurs.

AIDE-MÉMOIRE p. 135 **Je lis à la page indiquée** (n° 12).

RÉPERTOIRE

Je copie ces verbes dans mon répertoire à la page indiquée :

faire (pp. 103 et 115) } *(avec un e)*
dire
venir } *(sans e)*
survenir
prendre (p. 108) - surprendre (p. 108)
aller (p. 121)

21 L'accord verbe/sujet (2)

• Le groupe sujet peut comporter plusieurs mots.
Exemple : Certaines rues de la ville portent des noms de fleurs.

• Le groupe sujet peut être placé loin du verbe.
Exemple : Monsieur Corne, après le dîner, promène son chien.

• Je cherche toujours le groupe sujet avant d'écrire la terminaison du verbe.

1. Écris les phrases que tu formeras avec les groupes suivants :

Tu	perdent leurs feuilles.
Les enfants	durent depuis deux ans.
Le bruit infernal	cherchons un hôtel tranquille.
Les platanes	attends l'autobus.
Nous	jouent devant l'école.
Les travaux du métro	énerve les habitants du quartier.

2. Copie les phrases en mettant les verbes soulignés au présent :

habiter — Florent ... un appartement neuf.
préférer — Pour aller à Clichy, nous ... prendre un taxi.
aller — Le samedi, vous ... au marché.
attirer — Cette ville nouvelle ... les jeunes ménages.
transformer — L'orage ... la ruelle en torrent.

3. Encadre le groupe sujet et accorde le verbe au présent :

En fin de journée, la rue retrouv... son calme.
Quelques voitures stationn... sur les trottoirs.
Pour traverser l'avenue, nous emprunt... le passage protégé.
Les touristes américains visit... la tour Eiffel.
Sébastien, pour retrouver son chemin, interrog... un passant.

4. Écris les mots soulignés au pluriel et accorde :

Le motard se faufile entre les voitures. → ...
Le piéton regarde les feux tricolores. → ...
Le jardinier arrose les pelouses du parc. → ...
Le voyageur consulte le plan du métro. → ...
Le lampadaire éclaire le carrefour. → ...
Mon cousin trouve une cabine téléphonique. → ...

5. Complète les légendes avec le groupe sujet qui convient :

L'agent - Le conducteur pressé - La maison de M. Lamy - Le camion des déménageurs.

... paraît bien petite.

... oublie de regarder les panneaux.

... n'évite pas les embouteillages.

... s'arrête au milieu de la rue.

6. Copie les phrases en complétant le groupe sujet avec les mots qui conviennent :

Les enseignes ... s'allument dès six heures.
La rue ... sera barrée toute la semaine.
L'adjoint ... rencontre les commerçants.
Les cloches ... sonnent à toute volée.
Le jardin ... est bien entretenu.

Jean Jaurès
de l'église
public
au maire
des magasins

DICTÉE

Dictée n° 21

Le métro

Le grand frère de Natacha prend le métro chaque matin pour aller au collège. A midi, les élèves de sa classe mangent presque tous au restaurant du collège.

Je prépare la dictée en copiant les mots suivants :

le métro
Natacha
le collège
presque

Je ferme mon livret et je fais la dictée.

Je compare avec le texte et je compte mes erreurs.

J'ai fait ☐ erreurs.

Je reporte le résultat sur le graphique page 97.

Je recopie les mots dans lesquels j'ai fait des erreurs.

AIDE-MÉMOIRE p. 134 **Je lis à la page indiquée** (n° 10).

RÉPERTOIRE

Je copie ces mots dans mon répertoire à la page indiquée :

le village (pp. 113 et 121) } *(avec deux l)*
la ville (p. 121) }
la rue
la poste (p. 104)
la cabine *(un seul n ; p. 114)*

revenir }
pouvoir (p. 109) } *(sans e)*
réunir (p. 101) }

22 Des mots invariables

- Certains mots ne changent jamais d'orthographe.
Exemples : pour, loin, mais, avec, ...
- Il faut apprendre par cœur ces mots invariables.

1. Complète chaque légende avec un mot invariable :
malgré - encore - sous - entre.

... tous ses efforts,
Paulo perd l'équilibre.

Elsa passe
... l'élastique.

Loïc fait du vélo
... les platanes.

Le train électrique intéresse
... papa.

2. Complète les phrases avec l'un des mots suivants :

... Noël, Sonia ne quitte pas sa poupée.
Jérôme pose les cartes ... la table.
Certains enfants n'ont ... eu de jouets.
..., les garçons sautent à la corde.
Les enfants jouent au ballon ... la cour.

dans
maintenant
depuis
jamais
sur

3. Dans ce texte, il y a seize mots invariables. Écris-les dans les bonnes cases :

Une partie acharnée

Dès le début de la partie, Cécile fait un six. Elle sort aussitôt son premier cheval. Yohan doit attendre plus longtemps avant de pouvoir lui aussi partir, mais il ne va pas assez vite et Cécile renverse le cheval de Yohan qui se trouvait devant le sien. Yohan est très déçu : « Chaque fois que nous jouons, c'est toujours toi qui gagnes. Tu as trop de chance ! »

D _ _	A _ _ _ _	V _ _ _	T _ _ _
A _ _ _ _ _ _ _	A _ _ _ _	E _	C _ _ _ _ _
P _ _ _	M _ _ _	Q _ _	T _ _ _ _ _ _ _
L _ _ _ _ _ _ _ _	A _ _ _ _	D _ _ _ _ _	T _ _ _

4. Les voyelles de ces mots invariables sont effacées ; retrouve-les :

c.mm.	c.ntr.	d.h.rs
v.rs	ch.z	d.ss.s
s.ns	q..nd	m..ns

5. Suis les fils pour trouver des mots invariables :

6. Les syllabes de ces mots invariables sont mélangées. Retrouve cinq mots :

AU TOUR SUR DANT

COM TOUT BIEN

PEN BEAU COUP

....

....

....

DICTÉE

Dictée n° 22

Une poupée

Comme Jessy est très sage, Papa lui offre une poupée qui parle. Elle la place contre son cœur et lui donne aussitôt un nom : Laura.

Je prépare la dictée en copiant les mots suivants :

Jessy
très
offrir
donner
aussitôt
Laura

Je ferme mon livret et je fais la dictée.

Je compare avec le texte et je compte mes erreurs.

J'ai fait ☐ erreurs.

Je reporte le résultat sur le graphique page 97.

Je recopie les mots dans lesquels j'ai fait des erreurs.

AIDE-MÉMOIRE p. 134 **Je lis à la page indiquée** (n° 8).

RÉPERTOIRE

Je copie ces mots dans mon répertoire à la page indiquée :

avec (pp. 111, 118 et 126)
sur (p. 126)
comme (pp. 121 et 126)
contre (p. 126)
autour (pp. 104 et 126)
entre (pp. 108 et 126)
dans (pp. 108 et 126)
plus (pp. 124 et 126)

23 Le futur

• Au futur, tous les verbes prennent les mêmes terminaisons.

Exemples :

Je guetterai le soleil et je partirai aussitôt.
Tu guetteras le soleil et tu partiras aussitôt.
Elle guettera le soleil et elle partira aussitôt.
Nous guetterons le soleil et nous partirons aussitôt.
Vous guetterez le soleil et vous partirez aussitôt.
Ils guetteront le soleil et ils partiront aussitôt.

1. Suis bien les fils pour écrire les phrases :

Le mistral	dévastera les récoltes.
Le brouillard	changera très rapidement.
Les skieurs	soufflera toute la nuit.
Nous	rendra la circulation difficile.
La grêle	arriveront sous les flocons.
Le temps	éviterons les flaques d'eau.

2. Écris les phrases en complétant avec le sujet qui convient :

... perdront leurs feuilles.
... aurons très chaud.
... sera en baisse cette nuit.
... écouteras le bulletin de la météo.
... refleuriront au printemps.
... prendrez votre anorak.
... glisserai sur le verglas.

Les arbres
Vous
Je
Nous
La température
Tu
Les prairies

3. Écris au futur :

Quand l'hiver arrivera, je rentrerai mes plantes.
Quand les premières gelées ..., tu ...
Quand l'orage ..., ils ...
Quand les grands froids ..., nous ...
Nous nous abriterons dès que la pluie débutera.
Tu ... l'averse ...
Elle ... les giboulées ...
Nous ... les rafales ...

4. Copie ce texte en complétant avec les verbes que tu écriras au futur :

retourner - pleuvoir - s'amuser - se reposer - profiter.

L'été prochain, nous ... en Normandie. Il ne ... certainement pas autant que l'année dernière. Chaque après-midi, pendant que mon frère ... avec les petits voisins, mes parents ... à l'ombre. Moi, je ... du soleil pour bronzer.

5. Mots en triangle

1. Laver au futur : il ...
2. Agiter au présent : il ...
3. Rapide.
4. Saison.
5. Note de musique.

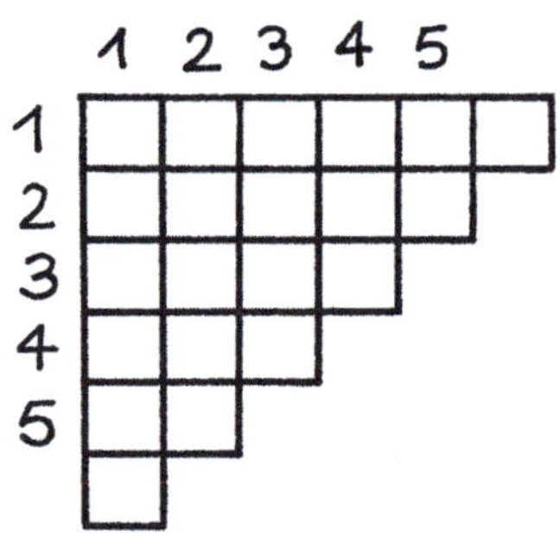

DICTÉE

Dictée n° 23

Le temps demain

Demain, le soleil sera de retour. Il n'y aura plus de neige dans les rues. Les voitures rouleront facilement, mais les enfants ne lanceront plus de boules de neige.

Je prépare la dictée en copiant les mots suivants :

le temps

il y a - il n'y a plus

facilement

lancer

Je ferme mon livret et je fais la dictée.

Je compare avec le texte et je compte mes erreurs.

J'ai fait ☐ erreurs.

Je reporte le résultat sur le graphique page 97.

Je recopie les mots dans lesquels j'ai fait des erreurs.

AIDE-MÉMOIRE p. 135 **Je lis à la page indiquée** (n° 11).

RÉPERTOIRE

Je copie les mois de l'année dans mon répertoire à la page indiquée :

janvier (pp. 101,108 et 113)
février (pp. 101 et 118)
mars (p. 124)
avril (p. 118)
mai (p. 103)
juin (pp. 107 et 113)
juillet (pp. 100,102,110 et 113)
août (pp. 107,124 et 127)
septembre (p. 108)
octobre (p. 104)
novembre (p. 108)
décembre (pp. 101,108 et 112)

24 Le passé composé

• Le passé composé est formé de deux mots : le présent de l'auxiliaire (avoir ou être) et le participe passé du verbe conjugué.
Exemples :
J'ai préparé les valises et je suis parti.
Tu as préparé les valises et tu es parti.
Il a préparé les valises et il est parti.
Nous avons préparé les valises et nous sommes partis.
Vous avez préparé les valises et vous êtes partis.
Ils ont préparé les valises et ils sont partis.

1. Copie les phrases en complétant avec le sujet qui convient :

... as sorti ta planche à voile.
... êtes venus à ma rencontre.
... avons pêché toute la journée.
... ai décidé de prendre le train.
... ont attendu au péage.
... a couché sous la tente.

Les voitures
Nous
J'
Tu
Perrine
Vous

2. Écris les verbes aux temps et aux personnes demandés :

	présent	futur	passé composé
donner	je donne	je donnerai	j'ai donné
manger	elle ...	elle ...	elle ...
jouer	tu ...	tu ...	tu ...
regarder	nous ...	nous ...	nous ...
parler	vous ...	vous ...	vous ...
sauter	ils ...	ils ...	ils ...
écouter	on ...	on ...	on ...

3. Écris au passé composé (Attention aux accords avec être !) :

Je suis entré dans le bois et j'ai trouvé des champignons.
Carlos ...
Elles ...
Amandine ...
Nous sommes allés à Briançon et nous avons skié.
Gilles ...
Je ...
Gersende et Fanny ...

4. Complète les légendes avec un des verbes que tu écriras au passé composé :

respirer - rester - chercher - visiter.

Vous ... une place.

Papa ... à Paris.

Étienne ... l'air marin.

Les touristes ... le château.

5. Copie les phrases en les complétant avec <u>Hier</u>, <u>Aujourd'hui</u> ou <u>Demain</u> :

..., des touristes sont arrivés au Canada.
..., nous déjeunons au restaurant.
..., je retournerai chez mes grands-parents.
..., vous prenez des photos.
..., tu es tombé de fatigue.
..., Lise rangera son matériel de camping.

DICTÉE

Dictée n° 24

En vacances

L'été dernier, Didier est allé en vacances au bord de la mer. Il a nagé, il a joué dans le sable et il a cherché des coquillages.

Je prépare la dictée en copiant les mots suivants :

les vacances

dernier - dernière

Didier

le coquillage

Je ferme mon livret et je fais la dictée.

Je compare avec le texte et je compte mes erreurs.

J'ai fait ☐ erreurs.

Je reporte le résultat sur le graphique page 97.

Je recopie les mots dans lesquels j'ai fait des erreurs.

AIDE-MÉMOIRE p. 136 **Je lis à la page indiquée.**

RÉPERTOIRE

Je copie ces mots dans mon répertoire à la page indiquée :

l'été (pp. 101 et 119)
le soleil (pp. 110 et 116)
la tête *(je pense à l'accent* ; p. 102*)*
la neige (pp. 103 et 113)
le sable (p. 116)
la planche (pp. 108 et 115)
le bord de mer (pp. 111 et 124)

25 a - à

• Je ne confonds pas
— <u>a</u> : verbe avoir qui se remplace par ont, avait, aura...
— <u>à</u> : mot invariable.
Exemples : Dimitri <u>a</u> des disques <u>à</u> écouter.
Dimitri avait des disques <u>à</u> écouter.
Dimitri aura des disques <u>à</u> écouter.

1. Écris les phrases que tu formeras avec les groupes suivants :

Quentin		joué du piano à deux ans.
Les danseurs		un magnétophone à cassettes.
Le refrain	a	valsé jusqu'à l'aube.
Mozart		des instruments à cordes.
Les élèves	ont	plu à tout le monde.
Les musiciens		chanté à la chorale.

2. Écris au présent :
Hier, cette chanson avait du succès même à l'étranger.
Aujourd'hui, ...
Hier, Renaud avait une chanson à répéter.
Aujourd'hui, ...

3. Écris les mots soulignés au singulier et accorde :
Les <u>spectateurs</u> n'ont plus qu'un instant à attendre. → ...
Les <u>présentateurs</u> ont quelques mots à vous dire. → ...
Les <u>fanfares</u> ont défilé à l'occasion du 14 juillet. → ...
Ces <u>chansons</u> ont des paroles faciles à retenir. → ...

4. Écris ces phrases en plaçant les mots dans un ordre correct :

L'audition | jusqu'à | a | duré | midi.

Nicole | ses | camarades | à | l'école. | a | retrouvé | de | musique

Lio | à | a | des | autographes | signer.

5. Écris au présent :

La chanteuse a une veste à carreaux.
J'...
Le guitariste ...
Tu ...
L'accordéoniste ...
Comme il y a trop de bruit, mes parents ont mal à la tête.
..., Ghislain ...
..., mon voisin ...
..., elle ...
..., vous ...

6. Copie ce texte en complétant avec a ou à :

Le soir, quand il ... fini ses devoirs, Alex s'installe dans sa chambre ... coucher, car il ... besoin d'être seul pour écouter ses chanteurs préférés. Il se place ... côté du transistor. Il ... une préférence pour les musiques dans lesquelles il y ... beaucoup d'instruments ... vent. C'est peut-être parce qu'il ... lui-même une flûte ... bec !

DICTÉE

Dictée n° 25
Un chanteur
Jessy a de la chance, car son chanteur préféré chante, ce soir, à la télévision. Jessy a trois disques de lui. Elle reste des heures à les écouter.

Je prépare la dictée en copiant les mots suivants :

Je ferme mon livret et je fais la dictée.

Je compare avec le texte et je compte mes erreurs.

J'ai fait ☐ erreurs.

Je reporte le résultat sur le graphique page 97.

Je recopie les mots dans lesquels j'ai fait des erreurs.

AIDE-MÉMOIRE p. 135 **Je lis à la page indiquée** (n° 13).

RÉPERTOIRE
Je copie ces mots dans mon répertoire à la page indiquée :
l'artiste (p. 119)
la liste (p. 99)
la chanson
le chanteur (pp. 108, 115 et 117)
jouer (p. 113)
agréable
revoir (*sans* e ; pp. 109 et 118)
rire (*avec un* e ; p. 123)

26 Des mots qui se ressemblent

• Certains mots se ressemblent beaucoup.
Exemples : mère - mer - maire.

• J'apprends à les reconnaître par le sens.
Exemples : Ma mère travaille beaucoup.
Je me baigne dans la mer.
Le maire de la commune.

1. Complète les légendes avec les mots qui conviennent.
désordre - des ordres - les tables - l'étable.

Les vaches sont à ...

La maîtresse aligne ...

Ta chambre est en ...

L'arbitre donne ...

2. Écris les phrases en complétant avec le mot qui convient :

Je donne un ... de pied dans le ballon.
La girafe a un long ...
« Veux-tu boire ? » « ... merci ».
Quel est le ... de ce village ?
Célia achète une ... de chaussettes.
Mon ... m'accompagne à l'école.

cou
coup
nom
non
père
paire

3 Complète avec le, la, il ou elle :

... pont d'Avignon
... pond un œuf.
... cour de récréation
... court vite.
... vend du pain.
... vent souffle.

Eddy lève ... doigt.
... doit 10 Francs.
... fer à repasser
... va faire son lit.
... réveil sonne.
... se réveille.

4. Suis les fils pour écrire les mots dans les bonnes cases :

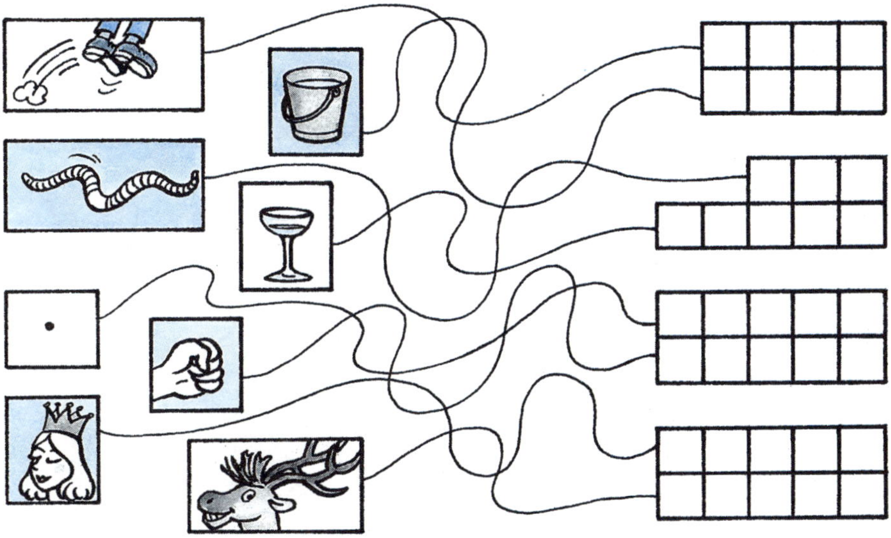

5. Mots croisés

Tous les mots de cette grille ont deux sens ; tu peux les trouver à l'aide des deux définitions.

Horizontalement
1. Un petit morceau.
2. Venu au monde.
4. Une personne.

Verticalement
A. Animal
C. Article.
D. Les cheveux, les yeux, le nez, la bouche se trouvent sur elle.

	A	B	C	D
1		O		
2		■		
3		■	■	
4		T		

Horizontalement
1. Le lait se sauve quand il b...
2. Une partie de la négation.
4. Verbe très courant.

Verticalement
A. N'est pas très malin.
C. Nombre.
D. Ce que fait le bébé pour manger.

DICTÉE

Dictée n° 26

Une jeune danseuse

Ingrid va chaque mercredi à son cours de danse.
Bientôt, elle pourra faire les pointes avec la paire de chaussons que le père Noël lui apportera.

Je prépare la dictée en copiant les mots suivants :

le cours de danse
elle peut - elle pourra
le chausson
apporter

Je ferme mon livret et je fais la dictée.

Je compare avec le texte et je compte mes erreurs.

J'ai fait ☐ erreurs.

Je reporte le résultat sur le graphique page 97.

Je recopie les mots dans lesquels j'ai fait des erreurs.

RÉPERTOIRE

Je copie ces mots dans mon répertoire à la page indiquée :

le *cours* (p. 124) de danse (pp. 108 et 116)
la *cour* de l'école
ma *mère* (p. 102) - la *mer* du Nord (p. 124)
mon *père* (p. 102) - la *paire* (p. 103) de chaussons (pp. 104 et 116)
le *vin* rouge (pp. 107 et 113)
vingt = 20 (pp. 107, 124 et 127)

CORRIGÉS

1 L'alphabet

1. Une feuille, un ruisseau, la fougère, une fleur, le sapin et un champignon.

2. e-f-g, s-t-u, f-g-h, t-u-v, n-o-p, q-r-s, k-l-m, i-j-k, v-w-x.

3. a-e-i-o-u, m-n-t-v-z, c-g-h-q-s, j-k-l-p-r.

4. Branche-couper-tulipe, bouquet-cueillir-forêt, bourgeon-écorce-printemps, buisson-humide-jardin, herbe-racine-source.

5. a-c-l, e-g-i-t, é-p-r, a-e-h-i, c-e-n-o-r, c-e-h-i-m-n.

6. Âgé (a-g) et ôter (o-t).

2 Les mots / Les liaisons

1. 6 mots, 7 mots, 5 mots, 8 mots et 13 mots.

2. Le tableau, l'oreille, la sortie, la règle et l'opération ; l'objet, le livre, l'habitude, le crayon et l'armoire ; la place, l'encre, l'heure, la marge et l'écriture ; l'année, la page, l'idée, le résumé et l'étude.

3. Punition, peinture, problème et instituteur ; remplaçant, camarade, réponse et armoire.

4. Tu t'avances, elle s'avance. Tu t'approches, elle s'approche. Tu t'éloignes, elle s'éloigne. Tu t'écartes, elle s'écarte.

5. Les élèves ont écouté une histoire. Nous n'allons pas à l'école maternelle. Luis n'est pas resté à l'étude.

6. For-me, gom-me et tra-vail ; con-tent, chif-fre, ren-trée et let-tre.

7. Heidi repasse les cols des chemises. Les élèves quittent l'école à cinq heures. Toute la classe attend la venue du photographe. Il n'est pas facile de traverser l'avenue.

3 Les noms

1. Une soupe, une fourchette, un jus, un œuf et un oncle ; une assiette, un pain, une odeur, un aliment, un enfant et une cousine ; une femme, un repas, un plat, une gamine, une boîte et un gâteau ; un paquet, une bouteille, une dinde, un verre, une nappe et une tranche.

2. Le vin n'est pas une boisson pour les enfants. Jocelyn coupe sa viande avec un couteau. Katia attend le dessert avec impatience. Comme tous les jours, Yannick essuie la vaisselle. Je prépare des tartines de beurre. Trop d'enfants ne mangent pas à leur faim. Le dimanche, toute la famille va au restaurant.

3. Noms : la crème, l'évier, le repas, une cafetière, l'eau, le gigot, le sel, un bébé et du chocolat. Autres mots : chercher, réunir, jouer, sec, avec, donc, vous, lui, deux, pour et rendre.

4. 1re colonne : oublier, 2e colonne : battre, 3e colonne : suivre et 4e colonne : boire.

5. Une moto, Honda. Un cirque, Pinder. Un homme, M. Durand. Un chien, Rex. Un garçon, Damien.

6. Noms de personnes : un client, un camarade, un serveur, ma sœur et le pâtissier. Noms d'animaux : un canard, un poulet, une sardine, un escargot et un sanglier. Noms de choses : du fromage, une salade, un couvercle, une fourchette et du sucre.

4 Les verbes

1. Tomber, frissonner et rester.

2. Tu marches... Nous aérons... Monsieur Collet achète... Ils suivent... Vous éternuez... Bénédicte brosse... je prends un bain.

3. Noms : un oreiller, un cahier, un soir, une poire, un plaisir, un papier et un mouchoir. Verbes : passer, voir, tourner, crier, boire, partir, laver et courir.

4. Le dentiste arrache une dent. Diane avale une cuillère de sirop. M. Frantz tousse beaucoup. Le docteur écoute le cœur de Lionel.

5. Soigner, être, avoir et respirer.

6. Aider, garder, rouler, rire, guérir et voir.

5 Le dictionnaire

1. Locataire, verrou, perroquet, propriétaire et chambre.

2. Cour, domicile, loyer, placard, sonnette. Brique, confort, mur, porte, serrure. Chalet, étage, façade, immeuble, poignée. Clé, garage, lucarne, résidence, store. Cave, évier, grue, plafond, tuile.

3. Portail, moquette, radiateur, habite, démolir, charpente et appartement.

4. Par exemple : Coquelicot, cerise, chien, carreleur. Pervenche, pêche, papillon, peintre. Rose, raisin, renard, représentant. Bégonia, banane, brebis, bijoutier. Giroflée, groseille, grenouille, garagiste. Marguerite, mandarine, morue, marin.

5. Perroquet, perruche, perruque. Roulement, rouler, roulette. Loi, loin, lointain. Battement, batterie, batteur. Vendeur, vendre, vendredi.

6. Allée, antenne, balcon, cheminée, fenêtre, mur, pelouse, porte, toit et volet.

6 Les sons [f] et [v] / Les sons [m] et [n]

1. Des fromages frais, un vrai café, un poivron vert, un vase fragile, une feuille froissée, un verre de lait, un fer à repasser, un ver de terre, un vieux fusil et une veste neuve.

2. Valérie joue du <u>violon</u>. Maman gare sa <u>voiture</u>.

3. La famille, le facteur, le virage, froid, le fleuve et mon voisin.

4. Un nuage, un masque et une mouche.

5. 1re colonne : volume, 2e colonne : régime, 3e colonne : niche et 4e colonne : donne.

6. Il ne mange guère. Ce chien ne mord pas. Je me tiens droit. Tu ne demandes rien. Je me mets au lit. Je me mouche souvent. Elle ne marchait plus. Je me méfie un peu.

7. Il n'y a pas de fumée sans feu (île-nid-a-pas-deux-fumée-cent-feu).

7 Le pluriel des noms

1. Un train, des trous, des détails, un marchand et des lunettes ; une table, des pointes, un escabeau, un chariot, des chevaux et une pompe ; des ciseaux, une caisse, une fabrique, des heures, un billet et des blouses ; des vitrines, une fumée, un problème, des journaux, un groupe et une main.

2. Les pompiers, les ventes, les couteaux, les produits et les cheveux ; les poteaux, les lampes, les tableaux, les réparations, les commandes et les rouleaux.

3. ...les pinceaux. ...des bagues. Chez les coiffeurs,... des mécaniciens... les briques... des bouquets...

4. Un objet, un ami, un mois et le bras ; l'autobus, le prix, l'appareil, une vis et le poids.

5. Noms au singulier : matin, bureau, courrier, directeur, journée, téléphone et livraison. Noms au pluriel : secrétaires, machines, factures, clients et commandes.

6. Des outils, des animaux, des vêtements, des légumes, des jouets et des meubles.

8 Les temps du verbe

1. Passé : 1, 5. Présent : 2, 3, 6. Futur : 4, 7.

2. Actuellement, les garçons adorent les robots. L'année prochaine, nous réveillonnerons au chalet. L'année dernière, le bal des pompiers n'a pas eu lieu. Ce soir, on fête l'anniversaire de Maud. Autrefois, tout le monde participait au carnaval. Tout à l'heure, les enfants sauteront de joie.

3. Passé : Le cortège a traversé la place. Nadia a mangé des bonbons. Présent : Je porte un masque de renard. Les enfants découpent des guirlandes. Futur : Le manège tournera longtemps. Tu pousseras des cris d'admiration.

4. Très tôt, Cathy a joué à la poupée. Aujourd'hui, Cathy s'amuse encore à la poupée. Plus tard, Cathy vendra peut-être des poupées.

5. 1re colonne : je dessine, 2e colonne : vous partirez et 3e colonne : nous avons perdu.

9 Les sons [p] et [b] / Les sons [t] et [d]

1. Un poisson, une poire et un balai.

2. Mes amies jouent à la belote. Maman achète une pelote de laine. Aujourd'hui, il fait très beau. Bébé a la peau fragile. Cette poule ne pond plus d'œufs. Tu lances ta boule trop fort. Brice marche d'un pas rapide. Les hirondelles volent très bas.

3. Parachute, parasol, pépin, bouc, bombe et bouche.

4. La pédale du vélo, le pétale d'une fleur, rouler vite, rouler à vide, faire un bond et ton cartable ; vendre du muguet, avoir mal au ventre, une douche froide, une touche de piano, un peintre célèbre et peindre le mur.

5. Mots où l'on entend [d] : cadeau, ronde, dessert, Delphine, coude, du monde et de. Mots où l'on entend [t] : achète, petit, ta, fête, tarte, citron, tombé et route.

6.

									D	E
								D	I	X
							D	E	N	T
						P	O	R	T	E
					D	I	S	Q	U	E
				D	R	A	P	E	A	U
			T	R	I	A	N	G	L	E
		T	R	O	M	P	E	T	T	E
	T	E	L	E	V	I	S	I	O	N
T	H	E	R	M	O	M	E	T	R	E

10 Les adjectifs

1. Une souris grise, une plume noire, une longue queue, une fourrure luisante et une couverture épaisse.

2. Un animal familier, des griffes pointues et une oreille basse ; une tortue paresseuse, des yeux clairs, un chien heureux et des pattes courtes.

3. ...un gentil compagnon. Les chatons sont bien maladroits. Madame Dorin est fière... son vieux caniche... les carottes craquantes. L'année prochaine,...

4. Une niche étroite, des os appétissants, une chienne peureuse et une tourterelle blanche.

5. Je caresse les grandes oreilles de mon épagneul. Roxy se prend les pattes dans la lourde chaîne. En cette chaude journée, les caniches ont soif.

6.

	A	B	C	D
1	N	E	U	F
2	O	S		I
3	I		A	N
4	R	O	S	E

11 Le pluriel du groupe du nom

1. Une autoroute encombrée, des conducteurs prudents, une mobylette neuve, une chemin communal et des rues barrées.

2. Ces dernières places assises, ces avions modernes et rapides, ces nouvelles gares routières et ces grands vélos rouges.

3. Tes phares éteints, nos agréables séjours, vos importants retards, ses itinéraires habituels et leurs vitesses réduites.

4. Quelle belle moto ! Chaque passager prend son billet. Plusieurs camions attendent au péage. Ce train n'a que trois wagons.

5. ...les passages souterrains... les quais déserts... de lourdes valises... Après ces longs tunnels,... les voies réservées aux taxis.

6. Des chemins de fer, un train de marchandises, une collection de voitures et des ceintures de sécurité ; des rames de métro, une foule de cyclistes, des cars de ramassage, des hôtesses de l'air et un carnet de tickets.

12 Les sons [s] et [z] / Les sons ch et ge, je

1. Onze, le lézard, l'oiseau et l'usine ; la gazelle, la chemise, zéro et la musique ; le gaz, le bazar, la visite et le zèbre ; la cuisine, une valise, la douzaine et une ardoise.

2. La mousse, la cigale, la salade et la vitesse ; le citron, lancer, pincer et pousser ; passer, la classe, la chasse et un berceau ; foncer, la cuisse, la chanson et un escalier.

3.

			M						
C	I	G	O	G	N	E			
E			U						
N		A	S	S	I	E	T	T	E
T			T					A	
		V	A	S	E			S	
			C		G			S	
			H	E	L	I	C	E	
			E		I				
					S				
					E				

4. Un singe, un cheval et une girafe.

5. On ne parle pas la bouche pleine. Si Julie bouge, la photo sera ratée. Il faut tenir un couteau par son manche. José a faim ; il mange un gâteau.

6. Le piéton marche sur le trottoir. Tu écris la date dans la marge. Maman prépare du chou pour midi. Charlotte joue avec son ours.

7. Un bon chasseur doit savoir chasser sans son chien (un - bon - chat - sœur - doigt - sa - voir - chat - c - cent - son - chien).

13 Le présent : avoir et être

1. J'ai sommeil, vous avez froid, tu n'as rien à faire, il y a du brouillard, elles (ils) ont des feuilles. Il (elle) est heureuse, tu es chez tes cousins, nous sommes en retard, ils (elles) sont au bord de l'étang, vous êtes à l'abri.

2. Je suis en vacances, Céline est en vacances, vous êtes en vacances, les touristes sont en vacances, nous sommes en vacances. Les voisins ont un jardin potager, tu as un jardin potager, M. Forest a un jardin potager, nous avons un jardin potager, vous avez un jardin potager.

3. Boris a un oncle... J'ai un bouquet... Nous avons des chaussures... Les fleurs ont des pétales... Tu as du chemin... Avez-vous assez chaud...

4. Nous sommes au début du printemps. La récolte de blé est abondante. Je suis content... Vous êtes ici chez vous. Les fermiers sont au travail... Tu es au sommet...

5. Je suis derrière le tracteur. Vous avez un nouvel arrosoir. Éric n'a pas peur des vaches. Ces légumes sont magnifiques.

6.

E	T	E	S		
		S	O	N	T
			M		
			M		
			E	S	T
S	U	I	S		

				A	I
A	V	O	N	S	
V		N			
E		T			
Z			A		

14 Les sons oin et ion / Les sons ien et ein

1. Mots en oin : besoin, moins, la pointure, le coin, rejoindre, le témoin et coincer. Mots en ion : la question, la réunion, le pion, l'allocation, l'émission, le champion et l'explication.

2. ... avec soin. ...qui pointe. ... à poings fermés. ... la solution ... la récréation. ... la direction... la confiture de coings.

3. L'avion, le foin, une opération, un camion et la télévision.

4. La ceinture, le frein et le chien.

5. Un plein verre. Une peinture bleue. On éteint la lumière. Il ne mange rien. Tout va bien. Une teinte claire. Elle vient nous voir. Ce livre est le mien. Le gardien de but. Il repeint le mur.

6. Un Italien, un Alsacien et un Canadien. Un collégien, un mécanicien et un magicien.

15 L'accord verbe / sujet (1)

1. Mes parents détestent les coupures publicitaires. M. Chevrier s'installe dans son fauteuil. Nous recevons la 5e chaîne. Les candidats répondent à toutes les questions. Le match se terminera dans dix minutes. Patrick Sébastien imite la voix des chanteurs.

2. Tu adores les émissions amusantes. Vous restez des heures devant votre écran. Je revois ce film pour la troisième fois. Le magicien étonne les spectateurs. Nous nous coucherons après *La Vie des animaux*. Ils découvrent un nouveau jeu.

3. Il (elle) baisse... Ils (elles) préfèrent... Nous changeons... Vous retrouvez... Tu achètes...

4. Maman . Elle attend... Madame Carita . Elle loue... Les informations . Elles ennuient… Les journalistes . Ils interrogent… Armelle . Elle connaît… Les caméras . Elles suivent…

5. Les enfants terminent leurs devoirs. Le présentateur a oublié son texte. Le feuilleton passionne toute la famille. Papa essaie de régler l'antenne.

16 Le présent des verbes comme chanter

1. Il monte, elles montent, je monte ; nous écoutons, tu écoutes, on écoute ; tu chantes, vous chantez, elles chantent ; ils bavardent, je bavarde, vous bavardez ; tu tombes, on tombe, ils tombent.

2. Nous recherchons des plumes de faisan. Je donne du pain aux cygnes. Les singes sautent de branche en branche. Vous guettez les chevreuils. Tu rencontres des écureuils. Le tigre lèche ses pattes.

3. Tu dessines… Estelle dessine… Les élèves dessinent… Nous dessinons… Vous dessinez… . Békir aime… J'aime… Nous aimons… Vous aimez… Les enfants aiment…

4. Les lions dévorent… Vous traversez… Les ours adorent… Je déteste… Les dromadaires avancent… Le loup pousse… L'éléphant arrache…

5. Cet été, nous visitons le parc de la Vanoise. Lorsque nous marchons près des rochers, j'en profite pour sortir mon appareil-photo, mais les chamois restent invisibles. A la place, je photographie des marmottes.

6.

	A	B	C	D	E	F	G
1	F	E	R	M	O	N	S
2	O	■	O	■	■	■	C
3	N	O	U	E	■	■	I
4	C	■	L	■	O	S	E
5	E	T	E	S	■	A	S
6	N	■	N	■	■	L	■
7	T	A	T	O	U	E	Z

17 est - et

1. Le parrain d'Ivan est agriculteur en Normandie. Les enfants sont devant la télévision. Noël est un jour de fête. Les garçons sont plus remuants que les filles. Bébé est dans son berceau. Eddy et son ami sont dans la même classe.

2. Ce prénom est vraiment à la mode. Ton frère est à l'école maternelle. Mon cousin est jeune et en bonne santé. Ce jouet est amusant et instructif. La nourrice est douce et patiente.

3. Antonia est l'aînée de la famille. Ma tante Irène est une écolière appliquée. Monsieur Morin est bientôt en vacances. Madame Lavant est la marraine de Coralie. Maman est fière de ses enfants.

4. Alexia est grande et brune. Alexia et Sandy sont grandes et brunes. Papino est calme et heureux. Papino et Mamina sont calmes et heureux.

5. Les jeunes sont impatients de grandir et d'aller au collège. Tu es... Il est... Walter est à table et il mange... Elle est à table et elle mange... Vous êtes à table et vous mangez...

6. Quand le chat est parti, les souris dansent. Le temps, c'est de l'argent. Tout ce qui brille n'est pas or. C'est la poule qui chante qui a fait l'œuf. La parole est d'argent et le silence est d'or.

18 Des lettres que l'on n'entend pas

1. Le lait, la laiterie ; le repos, se reposer ; haut, la hauteur ; le permis, la permission ; un fouet, fouetter ; le retard, retarder ; la dent, le dentiste.

2. Un pantalon long, un anorak chaud, un garçon blond, un manteau vert, un blouson blanc et un col ouvert.

3. 1re colonne : matelas, 2e colonne : pied, 3e colonne : dans et 4e colonne : sirop.

4.

						O	S
					N	I	D
				L	O	U	P
			C	R	O	I	X
		P	O	U	L	E	T
	S	O	U	R	C	I	L
C	H	E	M	I	N	E	E

5. Devenir gros... faire un saut... aller au galop... rendre plus froid... apporter du réconfort... rendre plus épais.

6. Rang, gentil, loup, palais, sortie, enfant, tronc, canard, doux.

19 Les consonnes doubles

1. Donner, bonnet, retenir et sonner ; attaquer, mettre, matin et miette ; famille, école, juillet et vallée ; carré, pierre, courir et arracher ; classe, grossir, dessin et visite ; approcher, l'appel, tapis et lapin ; offrir, enfin, étoffe et enfant ; occuper, accident, accord et chocolat ; homme, femme, comment et chemin.

2.

		M	I	L	L	E		
	G	R	I	F	F	E	S	
	P	O	U	S	S	I	N	
L	U	N	E	T	T	E	S	
			A	C	C	E	N	T
		T	O	N	N	E	A	U
		N	A	P	P	E		

3. Un dragon gigantesque sort de terre. Blanche Neige échappe à la méchante reine. Cendrillon arrive au bal. Le Prince réveille la Belle au Bois dormant.

4. La datte est un fruit très sucré. Mistigri tend sa patte. Ton cousin habite en Bretagne. Le chaton s'endort sur un coussin. Anne prépare une pâte à crêpes. J'écris la date au tableau.

5. ... des cailloux ... jette ... beurre ... la fille ... Personne ... chausse ... bottes ...

20 Le présent de quelques verbes

1. Tu vas, il va, ils vont ; elle vient, je viens, nous venons ; il dit, nous disons, vous dites ; tu comprends, ils comprennent, vous comprenez ; je fais, on fait, elles font ; ils grandissent, vous grandissez, je grandis.

2. Jordan apprend ... Vous revenez ... Nous choisissons ... Tu dis ... Je reprends ... Les vendeuses défont ...

3. Mes parents vont au supermarché et ils font des achats. Clément va au supermarché et il fait des achats. Je vais au supermarché et je fais des achats. Fatima va au supermarché et elle fait des achats. Nous allons au supermarché et nous faisons des achats. Vous allez au supermarché et vous faites des achats.

4. La note me surprend. Ce modèle ne lui convient pas. Voulez-vous un autre sac ? Tu remplis ton chariot.

5.

											4	
								3			D	
							5	F	I	N	I	S
	1					2		A			S	
	P				6	V	A	I	S		E	
	R					I	■	T			N	
	E		7	P	R	E	N	E	Z		T	
	N					N		S				
8	D	I	S	O	N	S						

21 L'accord verbe / sujet (2)

1. Tu attends l'autobus. Les enfants jouent devant l'école. Le bruit infernal énerve les habitants du quartier. Les platanes perdent leurs feuilles. Nous cherchons un hôtel tranquille. Les travaux du métro durent depuis deux ans.

2. Florent habite un appartement neuf. ... nous préférons prendre un taxi... vous allez au marché. Cette ville nouvelle attire les jeunes ménages. L'orage transforme la ruelle en torrent.

3. ... [la rue] retrouve son calme. [Quelques voitures] stationnent ... [nous] empruntons ... [Les touristes américains] visitent la tour Eiffel. [Sébastien] , pour retrouver son chemin, interroge un passant.

4. Les motards se faufilent ... Les piétons regardent ... Les jardiniers arrosent ... Les voyageurs consultent ... Les lampadaires éclairent ... Mes cousins trouvent ...

5. La maison de M. Lamy paraît bien petite. Le conducteur pressé oublie de regarder les panneaux . L'agent n'évite pas les embouteillages. Le camion des déménageurs s'arrête au milieu de la rue.

6. Les enseignes des magasins ... La rue Jean Jaurès ... L'adjoint au maire ... Les cloches de l'église ... Le jardin public ...

22 Des mots invariables

1. Malgré tous ses efforts, Paulo perd l'équilibre. Elsa passe sous l'élastique. Loïc fait du vélo entre les platanes. Le train électrique intéresse encore papa.

2. Depuis Noël, Sonia ne quitte pas sa poupée. Jérôme pose les cartes sur la table. Certains enfants n'ont jamais eu de jouets. Maintenant, les garçons sautent à la corde. Les enfants jouent au ballon dans la cour.

3. Dès, aussitôt, plus, longtemps, avant, aussi, mais, assez, vite, et, qui, devant, très, chaque, toujours, trop.

4. Comme, vers, sans, contre, chez, quand, dehors, dessus et moins.

5. Demain, aujourd'hui et hier.

6. Autour, combien, surtout, beaucoup et pendant.

23 Le futur

1. Le mistral soufflera toute la nuit. Le brouillard rendra la circulation difficile. Les skieurs arriveront sous les flocons. Nous éviterons les flaques d'eau. La grêle dévastera les récoltes. Le temps changera très rapidement.

2. Les arbres perdront leurs feuilles. Nous aurons très chaud. La température sera en baisse cette nuit. Tu écouteras le bulletin de la météo. Au printemps, les prairies refleuriront. Vous prendrez votre anorak. Je glisserai sur le verglas.

3. Quand les premières gelées arriveront, tu rentreras tes plantes. Quand l'orage arrivera, ils rentreront leurs plantes. Quand les grands froids arriveront, nous rentrerons nos plantes. Tu t'abriteras dès que l'averse débutera. Elle s'abritera dès que les giboulées débuteront. Nous nous abriterons dès que les rafales débuteront.

4. L'été prochain, nous retournerons en Normandie. Il ne pleuvra certainement pas autant que l'année dernière. Chaque après-midi, pendant que mon frère jouera avec les petits voisins, mes parents se reposeront à l'ombre. Moi, je profiterai du soleil pour bronzer.

5.

	1	2	3	4	5	
1	L	A	V	E	R	A
2	A	G	I	T	E	
3	V	I	T	E		
4	E	T	E			
5	R	E				
	A					

24 Le passé composé

1. Tu as sorti ta planche à voile. Vous êtes venus à ma rencontre. Nous avons pêché toute la journée. J'ai décidé de prendre le train. Les voitures ont attendu au péage. Perrine a couché sous la tente.

2. Elle mange, elle mangera et elle a mangé ; tu joues, tu joueras et tu as joué ; nous regardons, nous regarderons et nous avons regardé ; vous parlez, vous parlerez et vous avez parlé ; ils sautent, ils sauteront et ils ont sauté ; on écoute, on écoutera et on a écouté.

3. Carlos est entré dans le bois et il a trouvé des champignons. Elles sont entrées dans le bois et elles ont trouvé des champignons. Amandine est entrée dans le bois et elle a trouvé des champignons. Gilles est allé à Briançon et il a skié. Je suis allé(e) à Briançon et j'ai skié. Gersende et Fanny sont allées à Briançon et elles ont skié.

4. Vous avez cherché une place. Papa est resté à Paris. Etienne a respiré l'air marin. Les touristes ont visité le château.

5. Hier, des touristes sont arrivés au Canada. Aujourd'hui, nous déjeunons au restaurant. Demain, je retournerai chez mes grands-parents. Aujourd'hui, vous prenez des photos. Hier, tu es tombé de fatigue. Demain, Lise rangera son matériel de camping.

25 a / à

1. Quentin a un magnétophone à cassettes. Les danseurs ont valsé jusqu'à l'aube. Le refrain a plu à tout le monde. Mozart a joué du piano à deux ans. Les élèves ont chanté à la chorale. Les musiciens ont des instruments à cordes.

2. Aujourd'hui, cette chanson a du succès même à l'étranger. Aujourd'hui, Renaud a une chanson à répéter.

3. Le spectateur n'a plus qu'un instant à attendre. Le présentateur a quelques mots à vous dire. La fanfare a défilé à l'occasion du 14 juillet. Cette chanson a des paroles faciles à retenir.

4. L'audition a duré jusqu'à midi. Nicole a retrouvé ses camarades à l'école de musique. Lio a des autographes à signer.

5. J'ai une veste à carreaux. Le guitariste a une veste à carreaux. Tu as une veste à carreaux. L'accordéoniste a une veste à carreaux. Comme il y a trop de bruit, Ghislain a mal à la tête. Comme il y a trop de bruit, mon voisin a mal à la tête. Comme il y a trop de bruit, elle a mal à la tête. Comme il y a trop de bruit, vous avez mal à la tête.

6. Le soir, quand il a fini ses devoirs, Alex s'installe dans sa chambre à coucher, car il a besoin d'être seul pour écouter ses chanteurs préférés.

Il se place à côté du transistor. Il a une préférence pour les musiques dans lesquelles il y a beaucoup d'instruments à vent. C'est peut-être parce qu'il a lui-même une flûte à bec !

26 Des mots qui se ressemblent

1. Les vaches sont à l'étable. La maîtresse aligne les tables. Ta chambre est en désordre. L'arbitre donne des ordres.

2. Je donne un coup de pied dans le ballon. La girafe a un long cou. « Veux-tu boire ? » « Non merci ». Quel est le nom de ce village ? Célia achète une paire de chaussettes. Mon père m'accompagne à l'école.

3. Le pont d'Avignon. Elle pond un œuf. La cour de récréation. Il (elle) court vite. Il (elle) vend du pain. Le vent souffle. Eddy lève le doigt. Il (elle) doit 10 Francs. Le fer à repasser. Il (elle) va faire son lit. Le réveil sonne. Il (elle) se réveille.

4.

S A U T
S E A U
V E R
V E R R E
P O I N T
P O I N G
R E I N E
R E N N E

5.

	A	B	C	D
1	B	O	U	T
2	E		N	E
3	T			T
4	E	T	R	E

GRAPHIQUE

Sur ce graphique, chaque colonne représente une dictée.

Les nombres placés horizontalement (de 1 à 26) indiquent le numéro de la dictée.

Exemple : 1 = dictée n° 1.

Les nombres placés verticalement (de 5 à 50) indiquent le nombre de mots dans chaque dictée en fonction de la hauteur de la colonne bleue.

Exemple : dictée n° 1 - 28 mots ; dictée n° 2 - 29 mots,...

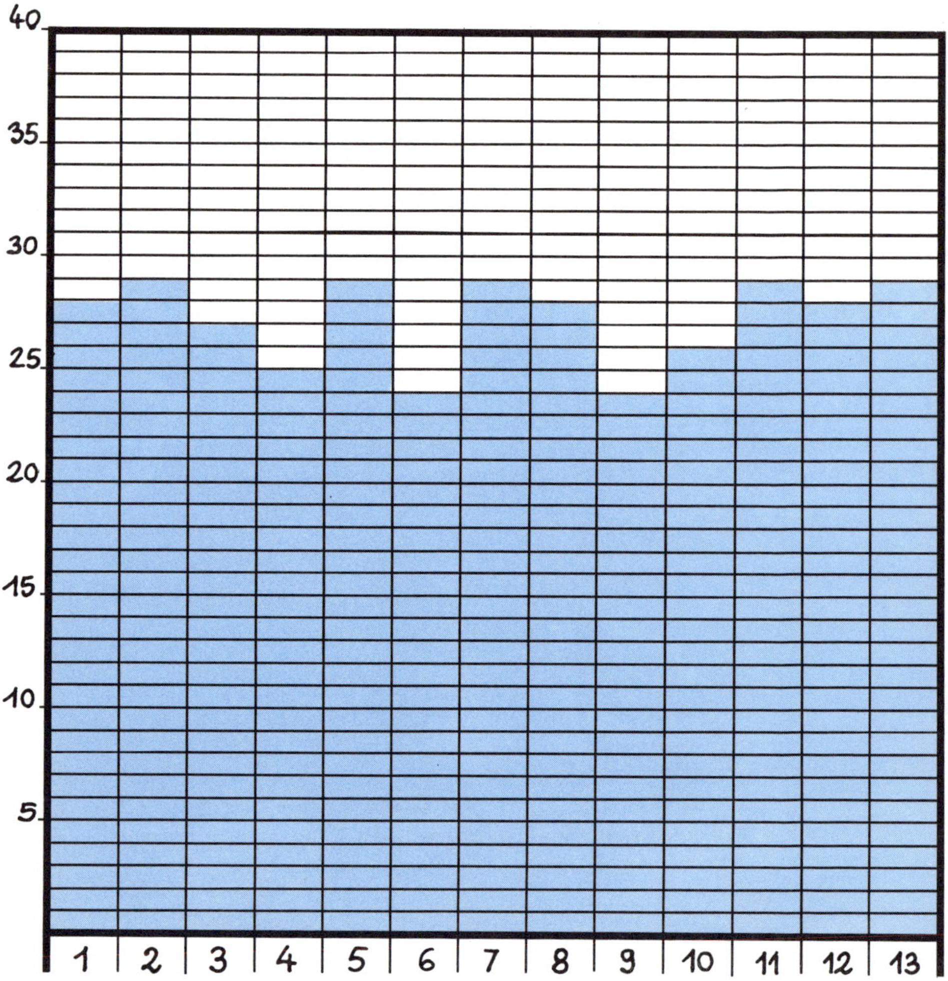

GRAPHIQUE

Chaque fois que tu as terminé une dictée, compte tes fautes, puis calcule le nombre de mots que tu as bien orthographiés en faisant une soustraction. *Exemple :* dictée n° 1. Tu as fait 5 fautes. Il y a 28 mots dans la dictée. Tu as bien orthographié : 28 – 5 = 23 mots.

Ensuite, colorie en rouge la hauteur de colonne qui correspond à ton nombre de fautes (de 23 jusqu'à 28). Continue pour les autres dictées.

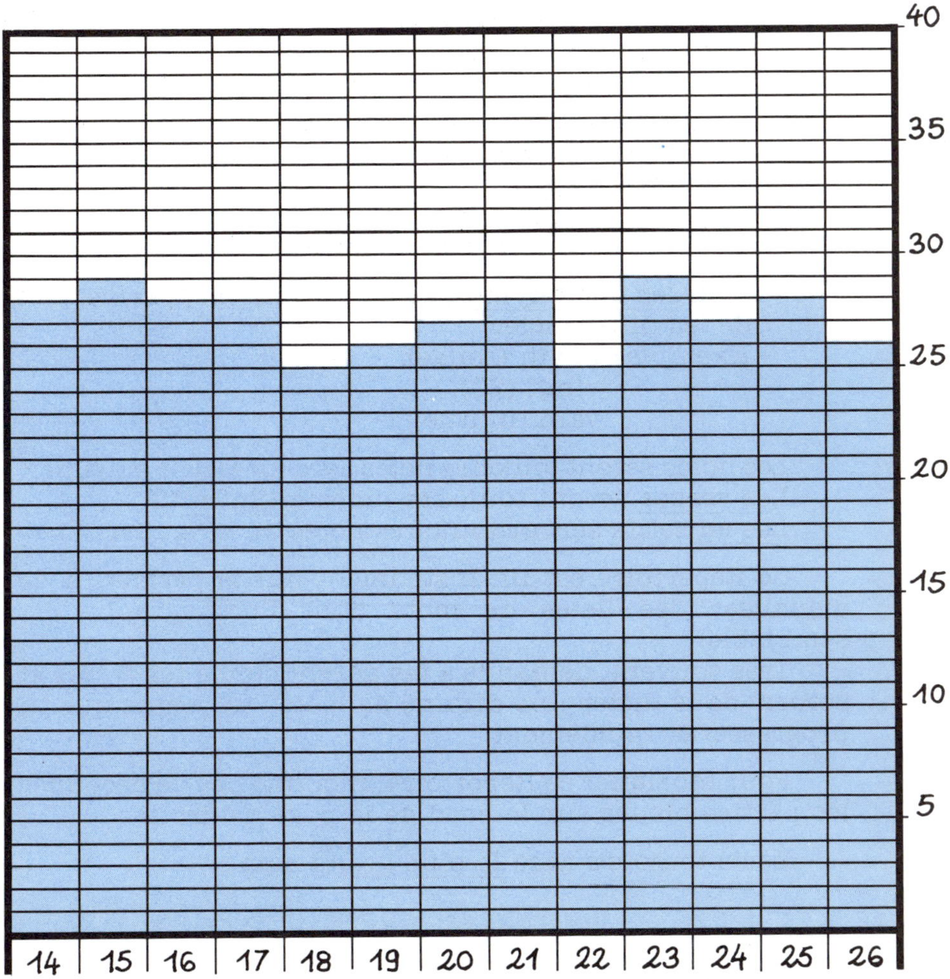

RÉPERTOIRE
Mode d'emploi

Lorsque tu rencontreras un mot dans lequel tu as fait une erreur ou que tu juges difficile, demande d'abord à un adulte de t'en indiquer l'orthographe exacte ou recherche-la dans ton dictionnaire.

— Repère ensuite la difficulté principale.
Exemple : la fête.
Le son (è) s'écrit ê.

— Cherche la page correspondante ; le mot exemple la tête permet de retrouver très vite le son.
Écris le mot la fête au-dessous du mot la tête.

— S'il y a deux difficultés, procède de la même manière en écrivant le mot dans deux colonnes.
Exemple : l'appareil,
pp → mot exemple : la grappe,
eil → mot exemple : le soleil.

— Pour les homonymes, tu noteras un mot permettant de les différencier.
Exemple : le vin (rouge),
vingt (20),
vain (inutile).

Les noms seront toujours notés avec un article singulier.
Les verbes seront toujours notés à l'infinitif.
Les adjectifs seront toujours notés au singulier.

Ce Répertoire est un instrument qui te permettra de visualiser des listes de mots dont l'orthographe est semblable.

Très souvent, demande à tes parents (ou à tes frères et sœurs) de te dicter une dizaine de mots ; tu verras que tu progresseras rapidement.

Pour fabriquer ce Répertoire, n'oublie pas de découper les parties bleues sur le bord de la page de droite.

Écris toujours avec le plus grand soin.

a	i	y
papa	samedi	le mystère

â	î	ui
un âne	une île	la nuit

é	...er	...es
l'été	le métier	les
	...ez	
	le nez	

â î ui
é ...er ...es

è	ê	et
la bière	la tête	le carnet

ai	ei	ou
la laine	la peine	le cou

o	au	eau
la parole	chaud	le bateau

ain	ein	oin
la main	la peinture	le soin
		oeu
		le coeur
aim		
la faim		

o au eau
ain ein oin
aim œu

ien	ian	eu
le chien	la viande	le feu

in	un	û
le matin	lundi	la flûte
		ô
		le rôle
im		
le timbre		

ien	ian	eu
in	un	û
im		ô

an	en	on
la banque	la fente	le son

am	em	om
le jambon	emporter	la pompe

an en on
am em om
oi euill aill

oi	euill...	aill...
le roi	la feuille	la paille
	euil	
	le fauteuil	

eill...	...ill...	oy
la bouteille	la famille	le voyage
ail	eil	
le détail	le soleil	

ay	... er ...	... ec ...
le crayon	la perte	le bec
... uy ...		... es ...
le tuyau		le reste

eill ill oy
ail eil ay
er ec uy es

ce	ci	ç
une farce	le citron	le garçon

gue / gui	ge / gi	j
la vague	la cage	la jupe
la guitare		

c	qu	k
le café	qui	le ski

f	ph	ch
faire	la photo	la vache

s	ss	s=z
la salade	la classe	la valise
		z
		le gazon

x	... tion	... eur
le taxi	la solution	la peur

s	ss	s = z
z		x
tion		eur

h	v	w
l'hiver	le vide	le wagon

apostrophe	mots composés	
l'arbre	le chou-fleur	

cc	dd	ff
accrocher	une addition	le souffle

ll	mm	nn
la balle	une pomme	une personne

pp	rr	tt
la grappe	la terre	la botte

...e	...e	...x
la rue	la vie	deux

consonnes doubles lettres muettes

...s	...t	...c
le bras	le plat	blanc
		...d
		le bord

...l	...p	...g
un outil	le drap	le sang
		...z
		le riz

lettres muettes

mots invariables

avec		

gn	autres mots	
la vigne	le fils	
	le monsieur	
	une femme	

AIDE-MÉMOIRE

• Avant d'écrire les phrases et les mots, on doit penser à plusieurs choses.

1. Séparer les phrases

• Une phrase débute toujours par une majuscule et se termine par un point.

Exemples : Coralie passe ses vacances au bord de la mer.
Qui as-tu rencontré ce matin ?
Que ton manteau est joli !

2. Séparer les mots

• Quand on parle, les mots ne sont pas toujours séparés : on fait des liaisons.
Exemples : un (n)animal – les (z)animaux.

• A l'écrit, tu dois apprendre à séparer correctement les mots. Pour trouver la première lettre d'un mot, il suffit souvent de changer le mot qui est juste devant lui.
Exemples : un fidèle animal – quatre animaux.

• Quand un mot commence par une voyelle (ou parfois par un « h »), tu dois supprimer le « e » ou le « a » du mot placé devant et le remplacer par une apostrophe.
Exemples :
On ne dit pas : la année – je me en vais,
mais : l'année – je m'en vais.
Les phrases sont ainsi plus agréables à entendre.

3. Savoir couper les mots

Lorsque tu arrives en fin de ligne, tu n'as pas toujours la place d'écrire entièrement le mot : il faut donc le couper.
Tu dois couper le mot après une syllabe ;
Exemples : le direc-teur, un cama-rade.
ou entre deux consonnes doubles.
Exemples : la pom-made, souf-fler.

4. Écrire correctement les mots

Pour cela, tu peux chercher dans ton dictionnaire ou retenir quelques règles simples.

• Dans le dictionnaire, les mots sont classés par ordre alphabétique.
Exemples : maman se trouve avant sapin.
maman se trouve avant monsieur.

Pour trouver rapidement un mot, tu dois connaître l'ordre alphabétique.
Apprends-le par cœur.

a - b - c - d - e - f - g - h - i - j - k - l - m -
n - o - p - q - r - s - t - u - v - w - x - y - z.

Quelques règles à retenir :

1. Les accents

• Les accents se placent sur les voyelles. On distingue :

l'accent aigu ´ : placé seulement sur le « e ».
Exemples : pénible, la télévision.

l'accent grave ` :
Exemples : à, où, la flèche.

et l'accent circonflexe ^ :
Exemples : le bâton, le rêve, une île, le dépôt, la flûte.

• Devant une double consonne, il n'y a jamais d'accent (même si l'on entend (è) [ɛ]).
Exemples : la lettre, la vitesse.

2. La lettre « h »

• Certains mots commencent par la lettre « h » qui ne se prononce pas.
Exemples : un haricot, l'hiver, haut.

Pour apprendre à écrire ces mots, tu peux les chercher dans ton dictionnaire et les inscrire dans ton répertoire.

3. Les consonnes doubles

• Les consonnes de certains mots sont doublées.
Exemples : donner, l'homme, griffer, la botte,
le marron, la balle, le poisson,...

Pour apprendre à écrire ces mots, tu peux les chercher dans ton dictionnaire et les inscrire dans ton répertoire.

4. « m » devant b, m et p

• Devant « b », « m » et « p », tu dois remplacer le « n » par un « m ».
Exemples : la jambe, comment, le pompier.
Exception : le bonbon.

5. ce – ci

• Devant « e » et « i », la lettre « c » se prononce [s].
Exemples : la place, le cirque.

Tu dois apprendre à bien écrire ces mots. Inscris-les dans ton Répertoire.

6. La cédille

• La cédille est un petit signe que tu dois placer sous le « c » quand tu veux conserver le son [s].
Exemples : le glaçon, le français, il a reçu.

On ne la rencontre que devant « a », « o » et « u ».

7. [s] et [z]

• Les sons [s] et [z] s'écrivent de plusieurs manières :

[s]

s : la soupe, le reste, la danse.
ss : tousser, le bassin, l'assiette.
ç : la leçon, nous perçons, le remplaçant.
c : la cigogne, le pinceau, le cercle.
t : l'opération, la solution, la récréation.

[z]
z : le zèbre, zéro.
s : le raisin, poser, le présent.

Attention ! Quand le « s » est entre deux voyelles, on le prononce [z].
Exemples : la maison, la musique.

8. ge - gi / gue - gui

• Devant « e » et « i », le « g » se prononce (j) [ʒ].
Exemples : la cage, la bougie.

• Pour conserver le son [g] devant « e » et « i », n'oublie pas de mettre un « u » après le « g ».
Exemples : la vague, le guidon.

9. La lettre finale d'un mot

• Certains mots se terminent par une lettre qui ne se prononce pas.
Exemples : le galop, la dent, gris.

Pour trouver cette dernière lettre, tu peux mettre le mot au féminin ;
Exemples : gris - grise.
ou chercher un mot de la même famille.
Exemples : le galop - galoper ;
la dent - le dentiste.

Reconnaître la nature des mots.

1. Reconnaître les articles

• Ce sont des petits mots placés devant les noms : ils nous disent si ces noms sont au masculin, au féminin, au singulier ou au pluriel.
Exemples : masculin singulier : le, l', un, du ;
masculin pluriel : les, des ;
féminin singulier : la, l', une, de la ;
féminin pluriel : les, des.

2. Reconnaître les noms

• Les noms sont des mots qui désignent des personnes, des animaux, des choses ou des idées.
Exemples : le chanteur, une vache, un bureau, la liberté.

Ils sont très souvent accompagnés d'un article.

3. Les noms propres

• Le nom propre désigne une personne, un animal ou une chose en particulier.
Exemples : un garçon → Sébastien ;
un chat → Mistigri ;
un journal → Okapi ;
un pays → la France.

Il commence toujours par une lettre majuscule.

4. Le pluriel des noms

• Les noms prennent généralement un « s » au pluriel.
Exemples : le chat - les chats ;
la porte - les portes.

• Certains noms prennent un « x » au pluriel.
Exemples : le cheveu - les cheveux ;
le tuyau - les tuyaux.

Attention ! Certains noms changent au pluriel.
Exemples : le cheval - les chevaux ;
un travail - des travaux.

5. Reconnaître les adjectifs

• Les adjectifs sont des mots qui apportent des précisions sur le nom.
On distingue :

- Les adjectifs qualificatifs qui « habillent » le nom ;
Exemples : un livre,
un beau livre,
un beau livre neuf.

- et les autres adjectifs :
Exemples : ce livre, plusieurs livres,
son livre, quel livre !
chaque livre, trois livres.

• Les adjectifs s'accordent avec le nom qu'ils précisent.

6. Le féminin des adjectifs

• Tu dois souvent former le féminin d'un adjectif qualificatif en ajoutant un « e » au masculin.

Exemples : un couteau pointu - une fourchette pointue ;
un joli chapeau - une jolie casquette ;
un torrent profond - une rivière profonde ;
un matin clair - une matinée claire ;
un trait droit - une ligne droite.

Attention ! un groupe entier - une classe entière ;
un homme heureux - une femme heureuse ;
un pantalon neuf - une veste neuve ;
un garçon malade - une fille malade.

7. Le pluriel des adjectifs

• Les mots qui accompagnent et précisent le nom s'accordent avec lui.

Tu dois apprendre à les reconnaître et à les accorder.

Exemples : un petit vélo noir - une petite bicyclette noire ; des petits vélos noirs - des petites bicyclettes noires.

8. Reconnaître les mots de liaison

• Certains mots relient les autres mots.

Exemples : La pluie et le froid sont de retour.
Il sort sans son parapluie.
L'autobus s'arrête devant la gare, mais il est complet.

Ces mots sont invariables, c'est-à-dire qu'ils ne s'accordent pas.

9. Reconnaître les verbes

• Les verbes sont des mots qui disent ce que font (ou ce que sont) les personnes, les animaux ou les choses.

Exemples : Jessy range ses jouets.
Les chevaux galopent dans les prés.
Les opérations sont difficiles.

10. L'accord verbe / sujet

• Le verbe s'accorde toujours avec son sujet.

Avant d'écrire la terminaison d'un verbe, cherche toujours son sujet.

Exemple : Les enfants regardent la télévision.

Qui est-ce qui regardent la télévision ? Les enfants.
Ils sont plusieurs : on écrit ent à la fin du verbe.
Exemple : Nous regardons la télévision.
Le sujet est nous : on écrit ons à la fin du verbe.

11. Les temps

• L'action se passe en ce moment : c'est le présent.
Exemple : Aujourd'hui, je trouve des champignons.

• L'action s'est déjà passée : c'est le passé.
Exemple : Hier, j'ai trouvé des champignons.

• L'action se passera plus tard : c'est le futur.
Exemple : Demain, je trouverai des champignons.

• La terminaison du verbe varie avec le temps.

12. Les personnes

• Selon la personne qui fait l'action, la terminaison du verbe change.

C'est moi - je	→ 1re personne du singulier
C'est toi - tu	→ 2e personne du singulier
C'est lui ou elle - il ou elle	→ 3e personne du singulier
C'est nous - nous	→ 1re personne du pluriel
C'est vous - vous	→ 2e personne du pluriel
C'est eux ou elles - ils ou elles	→ 3e personne du pluriel

13. a / à

Tu ne dois pas confondre :

• a : verbe avoir, qui peut se remplacer par « avait ».

• à : petit mot invariable.

Exemples : Barbara a un pantalon à carreaux.
Barbara avait un pantalon à carreaux.

14. est / et

Tu ne dois pas confondre :

• est : verbe être, qui peut se remplacer par « était ».

• et : petit mot de liaison qui peut se remplacer par « et puis ».

Exemples : L'eau est fraîche et sucrée.
L'eau était fraîche et puis sucrée.

Le verbe ÊTRE

Présent	*Futur*	*Passé composé*
Je suis	Je serai	J'ai été
Tu es	Tu seras	Tu as été
. Il est	. Elle sera	. Il a été
Nous sommes	Nous serons	Nous avons été
Vous êtes	Vous serez	Vous avez été
. Elles sont	. Ils seront	. Ils ont été

Le verbe AVOIR

Présent	*Futur*	*Passé composé*
J'ai	J'aurai	J'ai eu
Tu as	Tu auras	Tu as eu
. Il a	. Elle aura	. Il a eu
Nous avons	Nous aurons	Nous avons eu
Vous avez	Vous aurez	Vous avez eu
. Elles ont	. Ils auront	. Ils ont eu

Le verbe FAIRE

Présent	*Futur*	*Passé composé*
Je fais	Je ferai	J'ai fait
Tu fais	Tu feras	Tu as fait
. Il fait	. Elle fera	. Il a fait
Nous faisons	Nous ferons	Nous avons fait
Vous faites	Vous ferez	Vous avez fait
. Elles font	. Ils feront	. Ils ont fait

Les verbes comme CHANTER

Présent	*Futur*	*Passé composé*
Je chante	Je chanterai	J'ai chanté
Tu chantes	Tu chanteras	Tu as chanté
. Il chante	. Elle chantera	. Il a chanté
Ns chantons	Ns chanterons	Ns avons chanté
Vs chantez	Vs chanterez	Vs avez chanté
. Elles chantent	. Ils chanteront	. Ils ont chanté

(.) Il ou Elle / Ils ou Elles

Imprimé en France par MAME Imprimeurs, Tours
Dépôt légal n° 2216-01/93 - Collection n° 13 - Édition n° 05
16/5903/6